Mes Maillots jaunes

DU MÊME AUTEUR

ROMANS ET RÉCITS

Aux Éditions Gallimard

Caresse de rouge, *2004, prix François-Mauriac 2004 (Folio n° 4249)*

Korsakov, *2004, prix du Roman France Télévisions 2004 et prix des Libraires 2005 (Folio n° 4333)*

Baisers de cinéma, *2007, prix Femina 2007 (Folio n° 4796)*

L'homme qui m'aimait tout bas, *2009, Grand Prix des lectrices de Elle 2010 (Folio n° 5133)*

Questions à mon père, *2010 (Folio n° 5318)*

Le Dos crawlé, *2011 (Folio n° 5515)*

Mon tour du « Monde », *2012 (Folio n° 5828)*

Suite à un accident grave de voyageur, *2013, prix des Mouettes 2013*

Chevrotine, *2014 (Folio n° 6053)*

Trois Jours avec Norman Jail, *2016 (Folio, n° 6389)*

Chez d'autres éditeurs

Rochelle, *Fayard, 1991 (Folio n° 4179)*

Les Éphémères, *Stock, 1994 (Pocket n° 4421)*

Cœur d'Afrique, *Stock, 1997, prix Amerigo-Vespucci (Folio n° 5365)*

(Suite en fin d'ouvrage)

Éric Fottorino

Mes Maillots jaunes

Stock

Photo © Philippe Matsas

ISBN 978-2-234-08744-6

1

C'est un fil qu'il faut tirer.

Un fil jaune pareil à un fil rouge.

Un fil qui se faufile à l'intérieur de la mémoire, qui embrasse – ou embrase – l'enfance et la jeunesse, l'éternelle jeunesse qui s'attarde même quand nos tempes sont touchées de blanc. Car il s'agit d'une époque où l'on n'est jamais adulte. De tous les mois de juillet de la vie, quand la vie s'arrête pour laisser passer les coureurs. On a le cœur qui bat, des yeux de Chimène pour un peloton qui étire sa pelote bariolée sur les routes de France. C'est un jeu d'enfant, un jeu d'été, le domaine réservé du rêve, de l'héroïsme sur deux roues, une manière de donquichottisme avec, certains jours de jambes lourdes, les bécanes capricieuses qui font leur Rossinante, les sommets embrumés ou frappés du marteau solaire qui narguent les champions comme moulins à vent. Routes et déroutes. Rage et mirages. Et au milieu de cette multitude qui vous en fait voir de toutes les couleurs, vous n'avez de cesse de repérer celui qui porte l'espoir de la victoire. Elle est parfois assurée de longue main. Parfois, au contraire, elle ne tient qu'à un fil. Ce fil d'or que je suis venu débusquer dans ces pages.

Mon premier Maillot jaune fut miniature. Il progressait grâce à deux dés ivoire à points noirs de coccinelle sur le carrelage d'une maison des Landes, au Village des Pins où avaient atterri mes grands-parents rapatriés de Tunisie à la fin des années cinquante. Le matin, avant que ma grand-mère ne passe la since – mot saintongeais pour dire serpillière – ou après cette tâche ménagère qui altérait ma patience (il fallait attendre que les carreaux sèchent !), j'alignais au départ mes petits cracks de métal. Ils n'étaient jamais en plastique, ça faisait toc. Il fallait entendre le tintement du fer sur le sol pour être vraiment dans l'ambiance. La course se déroulait le long d'un grand couloir qui partait de la salle de bains, au fin fond de la maison, pour rejoindre le salon, longer le tapis arabe à losanges et motifs fleuris, à moins qu'on y devinât la silhouette de petits dromadaires. Le sprint final était jugé en extérieur, sur les derniers damiers glissant vers le jardin. Les doubles six me faisaient hurler de joie, surtout s'ils faisaient s'envoler mes favoris. Il arrivait, faute vénielle mais faute tout de même, que je fasse parfois bénéficier un de mes préférés de cette manne du hasard si le malheureux se trouvait attardé ou englué dans les profondeurs du peloton. Mon cœur avait ses intermittences…

Quand une petite bande de copains rompait ma solitude, nous courions jusqu'à une clairière sablonneuse et accidentée à souhait derrière les salines et la voie de chemin de fer, à l'ombre mesurée des pins résineux. On installait nos coureurs sur une ligne tracée avec un bâton. Les plus inventifs dessinaient des courbes dans le sable, d'autres confectionnaient à mains nues des bosses dignes du Soulor ou du Tourmalet – on connaissait nos Pyrénées sur le bout des cale-pieds –, et c'était parti pour une étape d'anthologie. Les billes d'agate aux yeux félins avaient remplacé les dés qui roulaient carré. Il fallait prendre le coup, le pouce coincé par la plus haute phalange de l'index, pour envoyer une pichenette dans la bille et faire avancer nos vaillants forçats. Après mille péripéties, comme un chien facétieux emportant quelques coureurs dans sa gueule, le vainqueur recevait le contraire du mistigri, celui sur lequel on lorgnait tous : le

Maillot jaune. Comme nous l'aimions, comme nous le convoitions, ce concurrent unique en habit de lumière qui changeait souvent de nom, jamais de couleur. Si un choc imprévu, le heurt d'une bille, la chute inopinée d'une pomme de pin, écaillait sa peinture jaune, nous n'avions de cesse, le soir venu, de rendre ses teintes à notre leader, d'un coup de pinceau à poils fins. On ne rigolait pas avec la parure de ce Roi-Soleil.

Il arrivait aussi que, par grande chaleur, un parent compatissant nous ayant exfiltrés à la mer, nos étapes prennent une tournure carrément balnéaire. Entre deux têtes piquées dans la belle bleue, un circuit de billes vite improvisé à flanc de dune, nous reprenions notre odyssée là où nous l'avions laissée, persuadés que le maillot jaune relevait ni plus ni moins d'un rite solaire et, disons-le, sacrificiel. Ni les Aztèques ni les Incas, ni les serpents à plumes ni les mythes amérindiens les plus cruels ne tenaient la route face à cette tragédie chaque jour rejouée sur nos terrains de fortune. L'été de mes onze ans, je pleurai à chaudes larmes quand l'Espagnol de Mont-de-Marsan, Luis Ocaña, un presque Landais comme nous, avait dû quitter le Tour son maillot jaune déchiré et ensanglanté sur les épaules, après une chute sans appel, un après-midi de chien, dans le col de Menté assiégé par l'orage. La télévision nous montra l'hélicoptère s'arrachant à la grisaille de la montagne après avoir chargé, grimaçant sur sa civière, le fier Castillan. J'y reviendrai. L'image était en noir et blanc mais, dans ma mémoire, c'est une tache jaune qui monte vers le ciel. Voilà le propre des mythes. La réalité ne fait pas le poids face à la force de l'imaginaire. Je ne suis par sûr, réflexion faite, qu'il y eût jamais un hélicoptère dans cette triste journée, mais sans doute ai-je tenu à voir mon champion s'envoler.

Nos petits coureurs chercheurs d'or appartenaient à tous les pays de la petite reine : France, Italie, Belgique, Espagne, Pays-Bas, Suisse ou Luxembourg. Les frontières de la planète vélo n'avaient pas conquis l'Amérique, la Colombie ou l'Australie. Mais à y regarder de plus près, mon peloton cultivait l'anachronisme. Nourri des récits anciens lus dans de vieux *Miroir-Sprint* exhumés d'un grenier, je faisais cohabiter Bobet et Merckx, Coppi et Anquetil, Bahamontes et Thévenet. Faute d'être invincibles, nos héros étaient immortels. La tunique jaune leur tenait lieu d'habit vert (avant que, en 1953, pour les cinquante ans du Tour, un maillot couleur espérance ou menthe frappée vienne récompenser le meilleur sprinter). J'avais appris, en même temps que la géographie, les drapeaux de leurs pays consignés dans la page de garde ouvrant l'imposant Larousse familial. Koblet comme Kübler, les deux Maillots jaunes suisses (helvètes, disaient aussi les reporters, « avec de la Suisse dans les idées », renchérissait Blondin) ; Jan Janssen, le Hollandais volant (on parlait encore de Néerlandais ou de Batave...), Bartali ou Gimondi les Italiens ou ritals, Merckx le Belge – vite rebaptisé le Cannibale au gré de ses victoires retentissantes, et toute une palanquée de Français nimbés de jaune : Bobet et Anquetil – Maître Jacques – bien sûr, mais aussi Walkowiak, Pingeon, Aimar, sans oublier tous les héros qui avaient porté le paletot de lumière sans réussir à le ramener à Paris, de René Vietto à Jacques Marinelli, dit « la Perruche ». D'un simple coup de dés, l'impossible pouvait survenir. Comme une victoire de Poulidor. Lui qui, en chair et en os, n'avait jamais endossé le fameux maillot de toute sa vie de champion (il en tira même une partie de sa popularité racontée dans un livre au titre éloquent, *La Gloire sans maillot jaune*), lui qui, dix fois, manqua le prendre en vain, le reçut à la régulière à l'issue de nos compétitions de petits hommes de fer. La magie n'était pas loin. La grâce. Le temps suspendu. Le jaune brillait telle une étoile en plein jour. Ce prodige suffisait à mon bonheur.

Jusqu'au jour où, ayant poussé comme maïs de plein champ, la miniature céda au rêve grandeur nature. Mes compagnons de dés et de billes n'étaient pas en reste, eux dont le paternel avait écumé les critériums du Maroc dans sa jeunesse encore visible. À l'été 1973, pendant qu'Ocaña prenait sa revanche sur le mauvais sort et vivait jusqu'à Paris sa vie en jaune, nous avions pris le taureau par les cornes, ou disons nos guidons par les cocottes de frein. Mes amis s'appelaient les frères Ascencio, un patronyme avantageux pour venir à bout des « deux redoutables », les côtes de Saint-Pandelon (la jeune et la vieille) qui serpentaient méchamment à travers la forêt avec la rude fierté des pentes qui ont fait crier plus d'un cuissot de grimpeur. Le père Ascencio avait prêté à ses fils ses anciens vélos de course, des bécanes terribles, avec leurs guidons recouverts de tresse assortie aux tubes de cadre – bleu métal, bleu ciel, vert d'eau –, leurs cale-pieds à lanières de cuir, leurs selles Brooks assouplies à l'huile de pied de bœuf. Titou l'aîné, Jean-Mi le deuxième, Bruno le petit dernier qui devait batailler sur un vélo trop grand pour lui – c'est à peine s'il atteignait les pédales, une fois juché sur la selle –, le peloton familial avait belle allure. On inventa un Tour des Landes qui prévoyait une étape par jour pendant une semaine, dont le départ était donné après la retransmission télévisée du Tour, histoire de ne rien rater de la « vraie » course et de respirer l'air moins brûlant des fins d'après-midi. D'autres gars du quartier s'étaient joints à nous, si bien qu'on se retrouva une dizaine à pédaler pour la gagne. Au vainqueur serait remis un maillot jaune. J'ai oublié qui en eut l'idée, mais à peine fut-elle émise, et aussitôt adoptée, qu'une idée fixe me gagna. M'emparer du Graal et ne plus le lâcher. Dès la première étape, au sommet de la côte de Montfort-en-Chalosse où se jugeait l'arrivée, je réussis à me détacher malgré les assauts fougueux de Titou qui serrait son guidon en grimaçant, expirant bruyamment l'air de ses poumons dans un souffle de bête. Le soir même, avec la complicité de Jean-Mi à qui j'avais prêté pour l'occasion ma caméra Super 8 offerte à Noël, une image impérissable imprima la pellicule : votre serviteur en jaune. Mon premier (et dernier…) maillot jaune. Fabulant juste ce qu'il fallait, je persuadai mes grands-parents admiratifs que j'étais en tête du Tour des Landes. Le roi n'était pas mon cousin. Depuis quarante-cinq ans, je cherche à nouveau cette sensation unique et jamais retrouvée de plénitude que me procura mon passage en tête dans les côtes de Saint-Pandelon et de Saint-Lon-les-Mines, puis cette séquence de naïveté renversante où, trois têtes d'hortensia plaquées contre mon tee-shirt jaune, juché sur mon vélo, je prends la pose sur la petite place déserte du Village des Pins, devant les champs de patates et les maisons de rapatriés toutes pareilles, sous l'œil intrigué mais vaguement inquiet de notre chien-loup Giko et de son compère l'épagneul Black, qui cessèrent leurs aboiements en comprenant qu'ils ne pouvaient plus rien pour moi.

Voilà, c'est commencé.

C'est recommencé.

Me revoilà dans la maison de Dax aujourd'hui disparue pour cause de mort de mes grands-parents, de mes oncles, de mon père. Les pelotons du cœur s'effilochent avec le temps. On a fermé les volets en plein après-midi. Pour mieux voir le Roi-Soleil dans la télé, cet astre éclatant qu'on appelle le Maillot jaune. Juillet est un long dimanche. À peine la ligne franchie par les cracks, j'enfourche ma bécane allégée de ses garde-boue inutiles. J'ai volé le feu sacré à Merckx, à Ocaña et à Thévenet. Sans me vanter, roulant par monts et par vents, je suis les trois à la fois. Et même Coppi car, entre Fausto et Fotto, c'est à peine s'il y a l'épaisseur d'un boyau. Mon tee-shirt un peu trop court qui me laisse les reins à nu. La campagne est parfumée, le maïs aussi voit la vie en jaune, et le colza, et les tournesols. Il me semble que la destinée des hommes est inscrite entière dans les sortilèges de la Grande Boucle, à la joie succède la peine, la roue tourne, tourne. J'aime le Tour à cause de l'aventure, de l'imprévu, à cause des exploits et des tragédies. J'aime le Tour car l'inhumain prend toujours figure humaine, et une étape épatante, c'est forcément une bonne histoire à raconter au dîner. Je me fabriquais alors des souvenirs au kilomètre. Rires et pleurs, heurs et malheurs. Noms de coureurs. Agostinho, Van Den Bossche, Labourdette, José Catieau qui s'empara du maillot jaune à Reims en 1973, avec son beau sourire Gibbs d'enfant comblé. José Catieau, je prononce son nom avec une émotion qui me surprend. Il fit partie à l'époque de mes premières idoles, oui, plus que Johnny ou Hugues Aufray ! Quatre jours en jaune, troquant son maillot Sonolor-Lejeune pour la belle tunique, je n'ai pas oublié.

Lorsque, en 2015, quarante ans après mes premières émotions cyclistes, France Télévisions me proposa de succéder à Jean-Paul Ollivier au commentaire en direct, je fus envahi par la joie puérile de qui tient son rêve entre ses mains. Le Tour est une histoire qui fait de la géographie, un réveille-matin qui sonne l'après-midi. Et c'était ma voix qui donnerait le lieu et l'heure ! Avec cette touche de nostalgie attrapée au vol dans le film *Amélie Poulain* : « Le Tour c'est comme l'amour, on l'attend longtemps et il passe vite. » Je croyais ces souvenirs fanés comme les bouquets remis jadis aux héros en jaune de mes jeunes années. Je me trompais. Le vélo est une machine à remonter le temps. Pédalage et rétropédalage. Tout revient et même au-delà, des souvenirs des temps héroïques, des souvenirs de coureurs que je n'ai jamais vus autrement que dans les archives pâlies des actualités Pathé, ou dans les pages, jaunies elles aussi, des archives de *Miroir Sprint*, avec les noms d'Ottavio Bottecchia – double vainqueur italien en 1924 et 1925 qu'on retrouva mourant au bord d'une route du Frioul, de Philippe Thys (le premier triple vainqueur du Tour de l'histoire, en 1913, 1914 et 1920), de Jean Robic, dit Biquet, miraculeux vainqueur de la Grande Boucle 1947, l'année de la reprise après la Seconde Guerre mondiale, qui s'extirpa dans l'ultime étape au pied de la bien nommée côte de Bonsecours, et qui n'endossa le maillot jaune qu'à la dernière minute, à l'instant de monter sur la plus haute marche du podium...

Le nom de Lapébie aussi, Roger Lapébie, vainqueur du Tour 1937 – le premier disputé avec dérailleur ! – que les hasards mystérieux de la vie avaient mis sur mon chemin, ou moi sur le sien, un matin frisquet de novembre 1975.

Le premier Maillot jaune que le destin m'envoya.

D'abord je ne vis que du bleu. Deux fois le bleu vif de ses yeux, des agates qui auraient fait merveille à nos jeux de petits coureurs. Le poil blanc et ras, la poigne d'un cheminot, un sourire étincelant, je n'en croyais pas mes mirettes, ce matin-là sous la halle ventée du marché des Capucins, à Bordeaux, où j'aidais mon oncle Guy à son stand de fleurs coupées. Entre les pots de zinnias et de poinsettias, et les bottes de chrysanthèmes pour la Toussaint, j'entendis le tonton m'interpeller d'un air qui rigole : « Tu vois, Éric, ce monsieur-là, on ne croirait pas comme ça, mais il a gagné le Tour de France ! » Le bonhomme rigolait de plus belle tout en me fixant. « Mon neveu est fou de vélo, alors avec vous, il est bien tombé ! » Devinant la blague, je restais muet, observant les traits de cet homme trapu qui ressemblait à un facétieux grand-père, une pointe de malice dans le regard. Oui, malin comme trois singes. Je n'avais pas le moyen de vérifier ses dires, pas de téléphone portable, pas de Google. Juste ce vieux gars que j'avais envie d'écouter. Il n'était pas bavard, sans doute une immense modestie. Mais quand il me dit que je devais croire mon oncle, je le crus aussitôt. Et j'avais raison. Un vainqueur du Tour. Un champion d'avant-guerre. Un sacré sprinter qui s'était joué des Pyrénées pour l'emporter à Paris au nez et à la barbe des cracks de l'époque. Certes, Bartali avait chuté dans les Alpes. Et le Maillot jaune belge Sylvère Maes se retira avec toute son équipe quelques jours avant l'arrivée, protestant contre une irrégularité qui avait avantagé le Bordelais. Ce fut une belle victoire tout de même pour Lapébie qui avait prouvé son endurance en montagne et sa ténacité. N'avait-il pas chuté à l'entraînement après que son guidon, scié par une main criminelle, tout au moins malfaisante, avait cédé d'un coup ? Devant ma mine ébahie, l'homme s'était penché vers moi. « Alors tu aimes le vélo, vraiment ? – J'aime la course », avais-je répondu. Son sourire s'était élargi. « Demain, je t'apporterai une surprise. » Il s'était éloigné les bras chargés de glaïeuls comme s'il venait de remporter une étape au stade Lescure des Girondins. Ils s'aimaient bien, avec mon oncle. Le lendemain, je guettai sa venue. « Tu crois qu'il va s'en souvenir ? » demandais-je toutes les cinq minutes à

Guy. Je n'avais pas refermé la bouche que je le vis s'avancer de sa démarche souple avec, dans les mains, une grosse enveloppe kraft ouverte. Il me la tendit. Ses yeux brillaient. « C'est pour toi. » D'une main fébrile, je sortis un énorme paquet de photos en noir et blanc, certaines tamponnées d'un sigle à l'encre noire : *L'Équipe*. C'étaient des photos des champions du Tour. Pas ceux de sa génération. Ceux des années 1950. On voyait Bobet à l'assaut de l'Izoard, Bobet seul dans la Casse Déserte, Bobet étudiant le parcours, une main sur le guidon, au milieu d'un paysage désertique, flanqué de son frangin Jean que Blondin appelait, tant il lui ressemblait, « l'homme au masque de frère ». On voyait Charly Gaul sous la pluie, Anquetil et son regard de chat qui feule, Ferdi Kübler assis sur les marches d'escalier de son hôtel, après l'étape, les veines saillant de ses muscles comme de fines couleuvres, et puis des anonymes héros d'un jour car vêtus d'un éphémère maillot jaune, comme le rayonnant Jean Forestier, coéquipier de Bobet. Ces noms, je les découvrais écrits d'une fine écriture au dos de ces clichés. « Je t'en apporterai d'autres, si tu veux », fit Roger – nous étions devenus des amis –, n'attendant pas ma réponse, il savait que c'était oui, oui, Roger. Et, le lendemain, il reparut avec des photos encore plus grandes. Inoubliables. L'une montrait Coppi et Bartali dans le Galibier, seuls vers le sommet, seuls au monde. Le jeune et le vieux, Achille sur le point de terrasser Hector, comme l'écrirait Dino Buzzati dans un récit homérique consacré au Giro d'Italie. Sur une autre image prise sur le vif, Coppi attrapait au vol une bouteille d'eau sur une route surchauffée. Il la portait à sa bouche et on voyait les gouttes translucides jaillir, tacheter son maillot, sauter dans ses yeux qu'il plissait. On sentait sa soif, son avidité, son cri muet comme un SOS. Un geste de vie ou de mort saisi par un reporter-photographe juché sur le tansad d'une moto de presse. Du grand art. Et moi je voulus être ça. Être comme eux. Quitte à mourir sur pied. Je ne serais pas coureur. Je serais Maillot jaune. Foi d'animal. Foi de Fausto ressuscité sur les routes des Alpes par une gorgée bue à la diable. Il n'y avait pas de dieu qui tienne, dans cette étuve du Tour qui embrasait son maillot jaune, sa tunique de Nessus, son destin de feu follet.

2

Merckx, Ocaña, Thévenet, trio gagnant

J'effrite la madeleine cycliste et les miettes qui tombent sur mon maillot du dimanche sont des comètes, des poussières d'étoile, ce qui reste d'un rêve éveillé quand on a tout oublié. C'est un trio de coureurs, un trio de couleurs qui se détache à présent, trois échappés du songe, une chaîne de solidarité de la mémoire entre trois furieux concurrents qui ont pédalé dans le seul but de distancer les deux autres. À ce jeu cruel, des duels à la pédale, l'un l'a emporté haut la main, haut les mains quand il les levait au sommet des plus grands cols sans jamais se hausser du col. Eddy en faisait voir de toutes les couleurs à l'impétueux Ocaña, avec un flegme digne de Lucky Luke (dont les couleurs jaune, rouge et noir de cow-boy rappellent le drapeau belge...) face au colérique Joe Dalton. Quant à Bernard Thévenet, le champion bourguignon encore trop tendre face aux deux monstres sacrés du tournant des années 1970, c'est à lui que reviendra l'incroyable honneur de déboulonner la statue en pied du roi Eddy, le 13 juillet 1975, sur les hauteurs alpines de Pra Loup. Des instants inoubliables qui, près d'un demi-siècle plus tard, me semblent gravés dans une manière d'éternité, le jaune pâli de Merckx au corps endolori, masque de supplicié, le jaune vif du maillot canari tout neuf et pimpant de Thévenet rebaptisé Nanard Ier, le menton volontaire, la tignasse noire et frisée, le sourire d'un ange monté au ciel.

Merckx, Ocaña, Thévenet. Le jaune est mis, qui sonne et résonne trois fois au cœur de mes jeunes années où je me voyais successeur en herbe de ces géants dont le poster de *Miroir du cyclisme* était punaisé dans ma chambre mansardée de La Rochelle. Sur les murs forcément en pente qui dessinaient le toit en accent circonflexe de notre maison, mes héros étaient saisis en plein effort, à chacun sa tunique jaune, à chacun sa gloire qui retombait chaque nuit sur mon sommeil comme poudre d'or du marchand de sable. L'aura de ces étés triomphants traversait les automnes et les hivers, je les aimais comme on aime la vie, imprévisible et vibrante, au prochain lacet, l'aventure.

Je l'ai dit plus haut, c'étaient les années soixante-dix. Maillots et vélos avaient ce bel orange acidulé qui ceignait le torse arqué de Luis Ocaña, la couleur « Bic » (souvenez-vous : la petite flamme…). Eddy Merckx, le nom qu'on donnait à Dieu dans les pelotons qu'il éparpillait comme les perles d'un collier brisé, Eddy, donc, s'enveloppait si vite de jaune qu'on en oubliait, au moins l'espace de juillet, qu'il portait le paletot miel et noir de la Molteni. Après avoir défendu les couleurs de Peugeot puis de Faema au début de sa carrière. Et la douceur molletonnée de ce mot, Molteni, cachait la brutalité des victoires du champion belge qui confondait boxe et bicyclette. Je me souviens de ma déception quand j'appris par hasard que Molteni était une marque de saucissons et salaisons. Mais avec Merckx, la note était toujours salée. S'il portait, selon les saisons, le maillot arc-en-ciel de champion du monde, le maillot rose de leader du Giro d'Italie, ou encore le maillot *de oro* de vainqueur de la Vuelta en Espagne, son plus bel habit était de loin le jaune du Tour, du seul Tour qui faisait rêver, le Tour de France.

J'allais fêter mes onze ans, cet été de 1971, et les courbes de la Chalosse, pour ne pas dire les sommets des Pyrénées, se reflétaient au bout de mes pédales. Mon champion de l'année, c'était Luis, c'était lui, le fier Castillan de Mont-de-Marsan, chevalier sans peur qui reprochait au champion belge de tout écraser sur son passage. Dieu sait pourtant si je l'admirais, Eddy, ses folles chevauchées pleines de panache quand, même revêtu de jaune, il attaquait encore rageusement sur les pentes de l'Aubisque ou du Tourmalet, remportant des étapes à l'ancienne, une dizaine de minutes devant ses poursuivants occis, tournant de l'œil sur la ligne d'arrivée au point qu'il fallait d'urgence le brancher aux bonbonnes d'oxygène pour le garder conscient (d'où le mot parmi tant d'autres d'Antoine Blondin : « Il est arrivé premier dans un état second »). Eddy savait tout donner, sa générosité de champion était sans limites, sauf les siennes qu'il repoussait sans cesse pour la beauté du geste et la richesse du spectacle. Mais cette fois, j'avais envie que les choses changent. Que l'audace paie.

Chef de la contestation merckxienne, bouffi d'orgueil et de talent, fiévreux et racé comme un torero, risque-tout, artificier des pelotons, fier et insolent (digne héritier de l'Alsacien Roger Hassenforder qui disait jadis : « Des Bobet, j'en ai un dans chaque jambe »), Luis le Montois avait le tempérament d'un conquistador. C'était l'homme qu'il fallait pour dynamiter ce Tour 1971 promis une fois de plus au roi des Belges. C'était le héros qui chasserait l'ennui du royaume de France. À coups d'épée, à coups d'estoc. D'un personnage de Cervantès, il avait la folie douce. Et sa fougue apportait chaque jour de l'eau bouillante à son moulin. De l'Ogre, il ne ferait qu'une bouchée. La route serait son ring. Comme je biberonnais déjà *L'Équipe* et ses épiques récits – mes seules lectures de gosse –, j'avais lu sous la plume de Pierre Chany, l'Homère de la Petite Reine, que c'était sur le lit de son père mourant qu'Ocaña avait déposé son maillot sang et or de champion d'Espagne un soir du printemps 1968. Sans doute lui avait-il fait une promesse du regard, la promesse qu'un jour c'était de jaune qu'il se vêtirait, qu'il décrocherait l'habit de lumière comme d'autres orgueilleux, dans le soleil d'une arène en forme de roue, se pavanent au pied du toro mort.

Ocaña je l'aimais. J'aimais penser que les routes de la Chalosse empruntées avec mes copains, il les connaissait par cœur, que je respirais le même air que lui, celui des pins et d'Aspin, celui qui sculpte des jambes d'acier, à force de kilomètres de bitume filigranés aux muscles, de goudron fondu sous les boyaux gonflés à bloc, de dents serrées, de cœur cognant à exploser contre les tempes noyées de sueur. Les montagnes ne faisaient pas peur à Luis. Au contraire, elles l'excitaient. Comme l'excitait la perspective de raboter la seule montagne à lui donner du fiel à retordre, la montagne Eddy Merckx. Non qu'il haït vraiment le champion belge. Mais il était sa part d'ombre, son empêcheur de briller pleinement dans le soleil. Poulidor avait trouvé un autre soleil, le blond Anquetil, sur sa route. Ocaña, lui, voyait son étoile pâlir dès que le déjà double vainqueur du Tour se mettait à tirer sur le guidon. On racontait que l'Espagnol avait baptisé Merckx un de ses chiens, pour le plaisir de lui crier : « Au pied ! » Une légende assurément, car Ocaña n'aurait pas triomphé sans gloire. Ni sans péril. Il voulait face à lui un adversaire digne de sa classe de pur-sang. Fragile une fois sur deux. Intouchable le reste du temps.

Ce qui frappait en 1971, c'était l'allure Ocaña comme on aurait dit l'allure Chanel. Il émanait de cette mécanique nerveuse une sensation de force explosive. Les veines à fleur de peau (cycliste, quand tu vois tes veines, tu vois ta peine...), Luis ne pédalait pas. Comme l'a dit Benoît Heimermann à propos de Coppi, il composait. À la manière d'un virtuose, d'un soliste inspiré. Jamais plus à l'aise que seul, tous derrière et lui devant, petit cheval de poésie, qu'il avait donc du coura-a-ge. Ramassé sur sa bécane, le dos bosselé d'un chat en colère, l'œil noir. C'était Ocaña. Je pensais qu'il fallait avoir la force de Merckx pour ne pas trembler devant le bel hidalgo, face aux éclairs sauvages qui fusaient de son regard. Moi, il me faisait un peu peur, Luis, surtout quand il se dressait sur ses pédales dans les pentes les plus dures, tout entier concentré sur un point invisible du sommet, ou connu de lui seul, obnubilé par l'idée de creuser l'écart, de creuser le temps, de le remonter qui sait pour être le premier cycliste de tous les temps, avant Merckx, avant tous.

71 devait être l'année Ocaña. Ce Tour était pour lui. Il était à Luis. Ocaña ne voulait pas tant le Tour que le Tour le voulait. La chaleur était de la partie, le goudron se liquéfiait, le parcours montait, montait. Et Merckx n'était pas

au mieux. Il était seulement superbe. Comme il y eut Austerlitz et Waterloo, cette Grande Boucle eut ses champs de bataille, ses champs d'honneur. Orcières Merlette pour l'ascension, le col de Menté pour la chute. Lumière des Alpes, noirceur des Pyrénées. La chute fut d'autant plus lourde que l'ascension avait été magistrale, majestueuse, presque irréelle. On imaginait Ocaña en chevau-léger. On ne l'aurait pas cru capable de frapper avec un gros marteau sur l'enclume. De frapper si fort. Au terme de ce 58e Tour de France, vingt étapes parfois un peu longuettes, 3 689 kilomètres au compteur, ils arrivèrent quatre-vingt-quatorze. Merckx en tête. Et sans Ocaña. Voilà où je voulais en venir. Avec le recul des années, je me rends compte que j'étais bien jeune pour éprouver aussi durement la sensation de l'injustice et du pathétique. Car, pathétique, ce Tour-là le fut à l'extrême, marqué par la figure suppliciée de Luis. Quelques jours avant le drame pourtant, la vérité du plus fort était sortie tout orange et blanche déjà des pentes du puy de Dôme. Le juge de paix auvergnat avait sacré la suprématie du coureur espagnol qui avait distancé tous les prétendants au trône et son tenant brodé de jaune, un Eddy Merckx à l'ouvrage, relégué au rang des laborieux, des valeureux, des courageux qui souffrent mais ne cèdent pas, sauf les secondes, sauf les minutes qui font les heures qui blessent, qui font les heures qui, parfois, tuent. « C'est à Merckx, ce soir, que vont nos pensées, écrivait Antoine Blondin dans sa chronique de *L'Équipe* du 6 juillet. Merckx aura été le grand personnage de la journée, en proie aux assauts et aux convoitises, justifiant le propos qui veut qu'on soit parfois plus absent que présent. » Le champion belge avait tout de même gardé son maillot jaune pour quelques fils, mais l'alerte avait été rouge.

Deux journées plus tard, la haute montagne avait parlé. Et aussi le talent de celui qui voulait tout et tout de suite. Qui n'entendait la victoire qu'en cash et par K-O. Les Alpes placèrent Ocaña au sommet. Orcières-Merlette. Un drôle de nom composé avec une résonance de sorcière et le flip-flap d'un oiseau noir à bec orangé... Je me souviens que Luis lâcha son monde peu avant l'escalade du col du Noyer que j'aurais volontiers orthographié *Noyé* tant les coureurs, sous un soleil de plomb, ouvraient des bouches de poissons sortis de l'eau.

Un spectacle n'est rien s'il n'est pas partagé. Cet après-midi du 8 juillet 1971, j'étais dans le salon de mon grand-père Fottorino, greffier de son état au tribunal de grande instance de Dax ;

non loin de la terre d'accueil et d'asile des Ocaña. Et mon grand-père, les yeux rivés comme les miens au téléviseur dont l'image parfois sautait, nous laissant dans un grand désarroi – avant qu'elle revienne enfin, striée, hésitante –, bref mon grand-père Marcel, ne tenant plus sur sa chaise, égrenait ses souvenirs d'ancien cycliste, lorsque, dans sa jeunesse tunisienne, il parcourait certains jours près de 200 kilomètres sur les pistes du Sud, dans la région des mines de phosphate, entre Moularès, Redeyef et Gafsa, la ville dont il était le maire. La voix de mon grand-père se mêlait à celles de Robert Chapatte et du reporter juché sur la moto, Jean-Paul Ollivier – on ne l'appelait pas encore Paulo la Science –, qui communiquait les écarts entre l'homme de tête et ses poursuivants.

C'était incroyable. Ocaña s'envolait. Ocaña le sorcier. Ocaña la merlette. Il fallait bien dire « Ocania » (son premier nom francisé était Louis Ocagna...). La caméra s'attardait sur les chiffres inscrits à la craie par l'ardoisier : 6'30". Où était passé Merckx ? Plus de Merckx. La casquette à l'envers, visière sur la nuque, le dossard 98 ne serait plus rejoint. Merckx, qui avait perdu son maillot jaune la veille, arborait une tunique blanche qui s'accordait à son teint pâle. Il souffrait de l'estomac. Il souffrait tout court car, devant, invisible désormais, caracolait plus fort que lui. Mon grand-père, jamais totalement revenu de sa Tunisie natale, se demandait ce qui collait Eddy à la route. « La fringale peut-être ? Un jour, fils, j'ai eu un de ces coups de fringale... » La fringale ? « Kézako », aurait dit Zazie à vélo. Et de me raconter que, ayant dû partager un sandwich avec un camarade démuni au temps de son service militaire, il s'était retrouvé sous le cagnard tremblant de faim, jusqu'au moment où, au fond d'un trou près d'un oued, il avait aperçu au travers du voile de la défaillance quelques petites taches orange. Le maillot d'Ocaña en pièces ? Une vision prémonitoire ? Non ! Mais de simples écorces d'orange jetées là par des promeneurs. Alors il avait posé son vélo à terre et s'était rué vers ces reliques de peau grumeleuse qu'il avait dévorées à pleines dents comme le meilleur des fruits. Peu à peu ses forces étaient revenues, il avait pu poursuivre sa route. Ses jambes ne tremblaient plus, la fringale s'était estompée. « Mais alors, grand-père, avais-je demandé inquiet, choisissant définitivement mon camp, crois-tu qu'Ocaña pourrait attraper la fringale ? » Jusqu'à l'arrivée, c'est moi qui m'étais mis à trembler pour lui. Je surveillais qu'il buvait régulièrement, qu'il plongeait bien sa main dans ses poches dorsales pour en retirer quelque fruit sec, un morceau de pâte d'amandes ou une plaquette de glucose. Je crois surtout qu'il s'hydratait. Le soleil était si brûlant qu'il ne devait rien pouvoir avaler de solide. Sauf Merckx. C'était jour de festin. Le Cannibale cannibalisé. Merckx, il était en train de l'avaler tout cru. Il fallait de l'appétit, et un fameux courage, pour bouffer un ogre. Ocaña était à son affaire. Depuis l'enfance, il avait surtout connu la vache enragée. Olé !

Aujourd'hui encore, dans une uchronie tentante, j'aimerais écrire que l'idylle de Luis avec le paletot jaune dura jusqu'à Paris. Mais le Tour joue des mauvais tours à ceux qui le provoquent, la musette remplie d'orgueil. Le grand Luis voulait mettre à ses pieds le grand Merckx. Et quand la route se fit patinoire, quand le destin le tira comme un lapin, il chuta et jamais ne se releva. Il fallut fissa réviser les poncifs, apprendre que la roche Tarpéienne est dangereusement proche du Capitole. Son habit de lumière, Ocaña ne le porta que trois jours. Et c'est sur une civière, sous un orage, qu'il lui fut ôté. Délicatement, car son thorax était enfoncé comme par un trou d'obus. Un coureur était venu le percuter alors qu'il se relevait à peine d'un lit de caillasses où l'avait entraîné une chute, sous une pluie torrentielle qui masquait le jour et faisait de la route une dangereuse patinoire. Tragédie. Fin de la fête. Soleil noir de la mélancolie. Je revois les images tremblantes de la SFP, les caméras qui s'approchent d'Ocaña, son masque de souffrance. Col de Menté, col de Dante, les cercles de l'Enfer.

Sous le titre « Quand le soleil nous quitte deux fois », Blondin, toujours, écrivait à Luchon : « Il aura suffi que le ciel se couvre durant vingt minutes sur les Pyrénées pour qu'un bref cyclone, aux dimensions d'un cataclysme, couche au sol notre bel épi gorgé de lumière [...]. Au moment où l'arc-en-ciel s'annonça, Ocaña gisait dans l'ambulance, et les habitants de Saint-Béat applaudissaient, en pleurant, au passage de son convoi terriblement silencieux. Nous plongions alors vers cette frontière montagnarde, amicale et complice, de part et d'autre de laquelle on parle déjà espagnol en France, et encore le français en Espagne, à l'image de celui qui emportait le maillot jaune avec lui. Quinze kilomètres le séparaient de son pays natal où l'attendaient des banderoles désormais dérisoires ; trois jours le séparaient de l'apothéose de Mont-de-Marsan, où il ne fait aucun doute qu'il fût entré revêtu de la casaque principale. Un deuil immense, aux arrière-goûts de frustration et de trahison, s'abattit sur la troupe rendue à l'unanimité. Car le rameau d'olivier existait quelque part. Nous l'avons trouvé dans la bouche d'Eddy Merckx, tout de blanc vêtu, qui refusait à l'arrivée d'endosser le maillot jaune, estimant qu'il ne le méritait pas, et remâchant, avec une sportivité sublime, cette sorte de défaite que constitue pour un vrai champion une ombre portée à sa victoire. »

Sur le papier pourtant, il n'avait pas l'air si terrible, ce col de Menté où avaient péri Ocaña et les sept minutes d'avance qu'il possédait désormais pour l'éternité. Seulement, voilà ; l'homme du soleil avait pris la pluie au visage. Escalader passait encore. Mais dévaler la pente à tombeau ouvert, patins de frein aux abonnés absents, c'était une autre chanson. À force d'images et sans doute d'imagination, le meilleur des films, l'imagination, je sais encore reconstituer comme au ralenti cette mise à mort avant l'heure. Luis Ocaña s'est tué d'un coup de fusil en mai 1994, le corps souffrant d'un mal incurable. Il avait quarante-huit ans. Mais il était mort une première fois dans cette épingle fatale du Menté, un virage aujourd'hui signalé aux coureurs du Tour comme aux cyclistes du dimanche comme le lieu où l'Espagnol vit s'envoler sa vie en jaune.

Ai-je pleuré ? Il me semble que oui. C'était si injuste, si violent, ce maillot de sang. C'était impossible. Je refusais l'effet de réel de ces images qui me hantèrent longtemps, qui me hantent maintenant encore, une séquence du cinéma muet, je ne vois plus que la grimace suppliante d'Ocaña sous la pluie. Ma mémoire n'avait pas l'ancienneté requise pour avoir entendu parler de Roger Rivière et du col de Perjuret où le jeune rival d'Anquetil s'était brisé la colonne vertébrale. La vérité est que je ne me suis jamais remis de ce Tour 1971 quand les Pyrénées volèrent à Luis le jaune dont les Alpes l'avaient paré. Une part de moi vit encore cet après-midi de juillet, enfermé dans le salon de mes grands-parents, le regard rivé à la petite lucarne qui ne montrait rien de bon. Vinrent le Tourmalet, le col de Menté, leurs nuages, leurs orages. Toute l'Espagne avait traversé la frontière pour encourager Luis couvert d'or et bientôt de sang. Car il y aurait du sang et une odeur de mort, une ambiance d'arène dans l'après-midi, côté sombre. Dans la descente du col, Ocaña s'installa aux avant-postes. Devant mon poste, je le buvais des yeux. Ses muscles répondaient parfaitement. Pas ses freins, je l'ai dit. Que n'était-il aimanté au Menté, Luis ! La pluie redoublait, l'orage grondait, les éclairs tenaient lieu de flashes aux reporters médusés qui « non-assistaient » une personne en danger, un champion en charpie. Il était blessé, mais il remonta sur son vélo, car le jaune dominait encore sur son torse et il était fier et courageux. Finalement, des spectateurs l'aidèrent à se tenir sur sa selle. « Il repart, il repart ! » criai-je. Illusion. Il ne repartit jamais. Lancé dans la purée de pois, sous des trombes d'eau, Zoetemelk percuta le leader du Tour. Les côtes perforées, Luis était perdu. Luis avait perdu. Il s'évanouit, son maillot troué et boueux sur le dos, son habit de lumière en haillons. Ses rêves d'envol passèrent soudain par les pales d'un hélicoptère. L'Espagne pleura, et à présent j'en suis sûr, moi aussi. Hélico ou ambulance ? Mon cœur balance, et mon goût pour la légende penche pour le souffle des pales…

Dans le salon de mes grands-parents, tous volets fermés face au deuil – « Il est mort, le soleil », chantait Nicoletta –, je fus le beau Luis, le ténébreux, le veuf et l'inconsolé de la petite reine, le prince d'Aquitaine au Tour aboli. Il fallait agir sans tarder, trouver la parade. Sur le carrelage frais du couloir qui reliait les chambres à la cuisine, je vengeai le fier Castillan à coups de dés magistraux un rien trichés, qui propulsèrent loin devant mon coureur d'acier au sublime maillot Bic, pareil à une flamme orange. Il lâcha Merckx, Poulidor, Thévenet, Gimondi et tous les autres. Il monta vers la lumière et, n'eût été ma timidité, ajoutée à une orthographe défaillante, j'aurais adressé sur-le-champ ce télégramme au blessé grave recueilli à l'hôpital de Luchon d'où Merckx voulait repartir pour la Belgique, comme si c'était sa faute à lui, la chute de l'astre espagnol, j'aurais donc écrit : Cher Luis, stop, dormez en paix, stop, pour moi aucun doute, stop, les dés sont avec vous, stop, le vainqueur du Tour 71, c'est vous !

Que me reste-t-il de ce drame ? Je me souviens de cette annonce vécue en direct. Quatre mots secs lâchés en rafale et répétés par le commentateur comme pour s'en convaincre : « Chute du Maillot jaune ! » Il pouvait se passer des événements autrement plus graves sur la planète, rien ne rivalisait avec cette nouvelle concise, explosive, sidérante. Le Maillot jaune était tombé.

Vint 1973. Enfin. Comme les oliviers, Ocaña paraissait ne devoir donner des fruits qu'une année sur deux. Il n'avait été l'année précédente que l'ombre de sa gloire, laissant un Merckx impérial gagner loin devant la grande étape alpestre entre Orcières Merlette (encore) et

Briançon. Une mauvaise chute dans les Pyrénées, dont il se releva cette fois, avait déjà mis à mal le Castillan. Ce Tour-là ne serait pas le bon. Image de son maillot sang et or de champion d'Espagne ensanglanté comme une mauvaise farce, une sorte de bégaiement du cauchemar. Décidément, Ocaña n'aimait pas les orages, même si ses attaques éclair faisaient de lui, dans les grands jours, un digne fils du tonnerre. 1972 vit cependant un autre de mes héros briller une fois au sommet du mont Ventoux, une fois dans le ballon d'Alsace : Bernard Thévenet et son maillot blanc et noir à damier. Bernard le futur tombeur de Merckx. Mais n'anticipons pas. Attendait Ocaña. Ocaña 73.

Le pays espérait un duel au sommet. Déjà, sur le carrelage du couloir de chez mes grands-parents où j'avais repris mes quartiers cyclistes pour l'été, l'affrontement à dés nus était lancé. J'étais bien embarrassé. Je possédais dans mon peloton de métal un Maillot jaune, un coureur Bic, un coureur Molteni, un autre au maillot irisé de champion du monde. À qui donner le jaune ? Devais-je l'exclure avant une première confrontation entre le Bic et le Molteni ? Ou devais-je marquer ma préférence du moment en créditant l'Espagnol du maillot de leader ? Une décevante nouvelle régla la question : recordman de l'heure depuis l'automne précédent, champion des classiques de printemps, vainqueur du Giro d'Italie et de la Vuelta espagnole, Merckx ne s'alignerait pas dans la Grande Boucle. Quarante-neuf cols à grimper, dont neuf de première catégorie, la partie promettait d'être belle. Le duel avorté se transforma en longue procession victorieuse d'un Luis Ocaña dominateur. Dès la deuxième étape, un chien fou l'avait fait tomber, mais il se releva sans frais et, après, la vie devint très pénible pour ses adversaires. Le 8 juillet, entre Divonne-les-Bains et Aspro Gaillard, il avait assommé si durement le Tour que lui-même franchit la ligne K-O. Le lendemain matin, on apprit par les reporters que, sitôt rentré à l'hôtel, il s'était endormi sur son lit en maillot et cuissard, sans avoir eu la force ni de se dévêtir, ni de passer sous la douche ! Tout donner, lui aussi. C'était ce que voulait « El Magnífico », faire oublier le temps d'un été le nom de Merckx, et offrir au peuple d'Espagne, quatorze ans après le sacre de l'Aigle de Tolède, Federico Bahamontes, une tunique en or. Cette année 1973 fut donc celle de la justice enfin rendue au fier Ocaña. Un Tour pour panser ses plaies d'orgueil, pour que, une fois au moins, sinon une fois pour toutes, il puisse rentrer à Mont-de-Marsan avec la sensation d'avoir été le plus grand, et que les absents avaient toujours tort. Dans son éditorial final, le directeur du Tour et de *L'Équipe*, Jacques Goddet, écrivait sans détour : « Je maintiens toutefois mon opinion. Quoi qu'il se fût passé au cours des étapes en altitude, Luis eût été en état de prendre de l'avance sur Eddy. Contre la montre, ledit Eddy n'eût repris qu'une partie peu importante de son retard [...]. C'est à Luis Ocaña principalement qu'Eddy aura manqué. Présent, il eût été le support de son action, le réflecteur de sa valeur. La victoire totale remportée par le champion de Bic souffrira à jamais de la défection du seul coureur contemporain qui eût été capable de la contester. »

C'était dit et bien dit. Mes treize ans n'auraient su exprimer cette sourde amertume de la victoire sans péril d'un Grand d'Espagne, même si j'avais été initié aux tirades du *Cid*. Au fond de moi je ressentais cette injustice faite à Ocaña, cet arrière-goût laissé par l'absence du héros manquant, absent mais non défait. Dans mon esprit germait le nom de celui qui pourrait un jour, les armes à la main, terrasser le champion belge. Ocaña aurait-il encore faim de cette victoire-là, lui que le triomphe sans partage de 1973 avait rassasié ? Mes espoirs déjà se portaient sur ce coureur français qui avait bouclé la boucle en deuxième position derrière l'Espagnol. Son tour viendrait, et je le claironnais à mes copains cyclistes de Dax qui me trouvaient tout à coup un brin chauvin. Je dus ravaler mon pronostic en 1974, qui vit le « quadragêneur » Poulidor disputer la victoire au roi Merckx rétabli dans ses prérogatives. Malade, Thévenet était sorti par la petite porte, et lorsque, avec mon grand-père, nous partîmes un matin applaudir les coureurs sur les pentes du Tourmalet, c'est un autre maillot à damier, celui de Jean-Pierre Danguillaume, qui sortit de la brume en vainqueur. Surpris par cette victoire, les commentateurs ne furent pas très charitables avec le Tourangeau. Certains titrèrent : « La montagne accouche d'une souris. » Le lendemain, ayant pris le mors aux dents, Danguillaume rééditait son exploit de la veille, entre Bagnères-de-Bigorre et Pau. La souris était susceptible.

En 1975 enfin, Bernard Thévenet troqua le noir et blanc pour le jaune pétant. Il entra dans la gloire sous le diminutif de Nanard, appellation franchouillarde qui me semblait venir en abaissement de la majesté. Je n'avais pas encore découvert les *Mythologies* de Barthes – à quinze ans j'avais quelques excuses, d'autant que je passais mon temps à pédaler... J'y aurais pourtant appris le théorème imparable : « L'entrée dans le panthéon du cyclisme, soulignait l'auteur du *Système de la mode*, se juge à la diminution du nom, ou à l'attribution du surnom : Le Grand Fusil (Geminiani), Louison (pour Bobet) ou Poupou. » C'est vrai qu'il était populaire, Thévenet, avant même d'être le vainqueur en titre, pour ses victoires d'étape en altitude, son panache, son esprit combatif, et ce large sourire qui fendait comme une bûche sa face bien trempée de Bourguignon. 1975 était la bonne année. Rien ne laissait présager que Merckx était « prenable », mais il fallait bien qu'un jour il cédât. Cette Grande Boucle de 1975, je m'en souviens comme si le temps depuis s'était perdu en route. L'affaire était loin d'être gagnée lorsque, dans la première grande étape alpestre, Merckx, déjà vêtu de jaune, fit exploser le coureur Peugeot dans les neuf cents derniers mètres du col d'Allos (col qui, soit dit en passant, rimait avec Pellos, le grand dessinateur qui popularisa l'homme au marteau et la sorcière aux dents vertes, figures mythiques, sinon mythologiques, de la défaillance cycliste...). Le champion belge s'était envolé avec une telle puissance, l'air facile, que les commentateurs rivalisaient de superlatifs. Merckx était devenu dans leurs cris le *Campionissimo dei Campionissimi* ! Mieux que Coppi, mieux qu'Anquetil.

L'ogre de Tervuren (banlieue bruxelloise) volait vers son sixième triomphe. Au sommet du col, Eddy Merckx possédait une avance de moins de vingt secondes, qu'il porta à plus d'une minute une fois dans la plaine, au prix d'une descente vertigineuse. Derrière, Thévenet négociait prudemment ses virages et devait méditer sur l'inconvénient de toujours trouver sur son chemin plus fort que soi. Sans compter qu'une crevaison survint comme une trahison. La morsure du silex, toujours au mauvais moment. Mais curieusement, alors que tout semblait perdu, tout redevint possible. Il y eut d'abord un certain Delisle, Raymond de son prénom mais qui eût mérité de s'appeler Rouget, tant il sut redonner à l'allure de Nanard le rythme puissant d'une *Marseillaise*. Abritant son leader dans son sillage secourable, il l'exhorta à se dépasser puis à le dépasser, pour qu'il puisse enfin revoir en point de mire une tache jaune qui paraissait tout à coup à sa portée, quelques centaines de mètres devant.

Comme la télévision était magique, féerique, unique dans ces moments-là ! J'enviais les reporters moto qui nous montraient au plus près le visage grimaçant de Merckx, le début de sa défaillance, et, derrière, escorté par l'équipage rutilant des voitures et des autres motos de liaison, la charge puissante de Thévenet qui croyait de nouveau à son étoile. Merckx rattrapé. Merckx toisé, même si le Français, au moment de le doubler, ne lui accorda pas un regard, préférant filer à l'opposé de la route, pieds au plancher pour éviter que le Belge en détresse ne tente d'accrocher sa roue. Merckx distancé, soudain collé au goudron, les épaules désunies, la tête dodelinant, les cheveux trempés de sueur, Merckx alourdi, les traits creusés, les traits tirés sur sa chance de victoire qu'il voyait s'envoler avec ce maillot noir et blanc frappé du lion de Sochaux. Oui, il faut avoir vu ça, la métamorphose d'un Thévenet subjugué, la passe d'armes, disaient les journalistes présents sur le champ de bataille.

Tout au triomphe de mon héros, confirmé le lendemain lorsque, véritable tornade jaune, il triompha seul au sommet de l'Izoard, renouant avec les traces d'un certain Bobet, il ne me vint pas à l'esprit que cette consécration tant attendue par la France cycliste avait été favorisée par le mauvais sort. Et ce mauvais sort s'était cette fois acharné sur Merckx, lui qui l'avait si longtemps tenu à distance. Trois jours avant sa défaite de Pra Loup, Merckx avait reçu d'un sale type planqué sur le bord de la route un terrible coup de poing au foie. Il était en plein effort sur les dernières rampes du puy de Dôme, les plus sévères, bataillant pour réduire le retard qu'il accumulait sur les hommes de tête, parmi lesquels Thévenet, quand le traître coup lui avait coupé le souffle. La ligne sitôt franchie, Merckx encore traumatisé avait revêtu un habit de pluie avant de plonger dans la descente pour reconnaître son agresseur. Une photo de presse montrait le lendemain le coureur torse nu entouré de médecins, la main sur le foie gonflé, souffrant en silence. Et les cachets de Glifanan qu'il dut absorber les jours suivants pour calmer la douleur eurent aussi comme inconvénient de l'affaiblir. Mais Merckx était trop gentleman pour que l'idée lui vienne de minimiser un tant soit peu la victoire de Thévenet. Une fracture du maxillaire peu avant l'arrivée à Paris aurait pu justifier son abandon. Il mit au contraire un point d'honneur à boucler la boucle. Pour que le Français soit grand dans la victoire, il fallait que le Belge le fût aussi dans la défaite.

Merckx, Ocaña, Thévenet. Je leur dois mes rêves de jeunesse. L'idée que tout était possible dans la vie, à condition d'appuyer plus fort sur les pédales, et d'apprendre à dompter la douleur des muscles. Ces héros ont semé chez l'enfant trop sage que j'étais des poussées d'audace, des grains de folie douce qui m'ont conduit un jour à grimper à mon tour les cols pyrénéens (Tourmalet quand tu nous tiens !) et à côtoyer le peloton des professionnels lors de l'édition 2001 du Grand Prix cycliste du Midi Libre. Est-ce un hasard ? Les trois hommes avaient inscrit leurs noms au palmarès de l'épreuve. Et comme un cadeau tombé du ciel, mon plus fervent supporter pendant la traversée pentue des Cévennes fut… Bernard Thévenet. Son accolade après le sommet vaincu de la Croix-Neuve, au-dessus de Mende, reste en moi comme la preuve de la magie des choses et d'une grâce qui parfois, fugace, vous est donnée.

3

Ode à Fausto

Si, dans ma chambre d'adolescent, mes héros pédalants étaient punaisés dans leur gloire – Merckx, Ocaña et Thévenet –, mes trois mousquetaires, bien sûr, étaient quatre. Leur faisait face un géant qui, à lui tout seul, par sa classe, par son physique, par l'essence même de sa vie, se situait à part, ailleurs, échappé du monde des humains, si humain pourtant. Fausto Coppi, je l'avais immortalisé en jaune dans une de ses montées infernales du Galibier où sa pédalée cruelle avait laissé tant de victimes dans son sillage. S'il n'avait remporté « que » deux Tours de France, il avait laissé sur les routes une semée d'étincelles que ni le temps, ni sa mort prématurée à trente-neuf ans, ni les trois champions qui lui faisaient face sur les murs mansardés de ma chambre n'avaient pu éteindre.

Parler de Coppi, c'est pour moi retrouver ces vibrations intimes qui ont fini par me projeter sur un vélo de course au début des années 1970. Par quoi commencer, sinon par le nom. Le nom au complet. Fausto Coppi. Avant, enfant, je m'appelais Éric Chabrerie, comme ma mère. Écolier, je traversais les rues de Bordeaux sur un vélo de guingois sous les encouragements des passants : « Vas-y Bobet ! » « Vas-y Robic ! » Puis ma mère s'est mariée, a pris le nom de Fottorino. Comme moi. Devenu le fils de Michel Fottorino, masseur-kinésithérapeute et sportif invétéré, il me fallait choisir entre le ballon et le vélo. Ce fut le vélo. Avec, en prime, la presque homonymie qui n'échappait pas aux familiers de la légende des cycles. Entre Fausto et Fotto, il n'y avait qu'un coup de pédale. Au moins sur le papier, car c'était une autre paire de manches que de se hisser à la hauteur du crack transalpin qui avait dominé le monde du cyclisme, et dont le souvenir n'avait cessé de hanter les pelotons. C'est donc assez naturellement que, mes douze, treize ans agissant comme un moteur à ego, je me vécus – sans publicité toutefois, mais des profondeurs – en réincarnation du Campionissimo. D'ailleurs, le calendrier collait à merveille pour nourrir ce conte à pédaler en danseuse : le grand Coppi avait cassé sa pipe le 2 janvier 1960, quand j'avais vu le jour en août de la même année. Le temps de se refaire une santé, de réaliser que le Très-Haut avait commis un impair en rappelant le plus vaillant des grimpeurs, de plaider sa cause à saint Pierre auprès duquel il n'était pas en odeur de sainteté vu sa relation adultère avec une « dame blanche » – j'y reviendrai –, et voilà qu'il s'était offert une deuxième vie dans ce jeune Fotto. Mon nom providentiel me livrait tout cuit un destin tombé du ciel. Chabrerie n'aurait guère inspiré le héros, mais Fotto... C'était à moi de jouer, au moins de pédaler, pour me montrer un tant soit peu digne de la Providence.

Fort de cette recommandation céleste, je m'étais intéressé à Coppi plus que de raison pour un garçon de mon âge. En vérité, j'appris sans tarder que Fausto appartenait à la légende familiale des Fottorino. S'ils avaient vécu en Tunisie jusqu'à l'indépendance de 1957, ils avaient pris l'habitude de venir en France chaque été depuis 1949 à Ardiège, un petit village de Haute-Garonne. C'est ainsi que, venus en voisins sur les pentes du col d'Aubisque, un après-midi de juillet, ils virent surgir une carcasse squelettique, visage christique n'était l'absence de barbe, les joues creusées, l'œil noir et globuleux dans le vague et la transe de l'effort, le teint pâle d'un homme battu comme plâtre. Claire, ma grand-mère, fut si bouleversée par cette apparition qu'elle se mit aussitôt à pleurer. On ne pouvait pas plus l'arrêter que Coppi dans sa chevauchée victorieuse. Plus de vingt ans après on en parlait encore à table. Ma grand-mère, ses yeux bleu pâle écarquillés, évoquait ce souvenir comme si elle avait vu passer Fausto la veille. Ses paupières rougissaient, ses cernes se creusaient, des larmes revenaient du fond des temps car, pour elle, cette souffrance du champion était restée là, dans son cœur, inoubliable, indépassable. Fausto était un peu des nôtres, une ombre tutélaire de l'Italie d'où venait notre patronyme, un frère, un ange de la nuit. Il va sans dire que mes exploits cyclistes ne furent jamais, et en rien, comparables à la geste étincelante du Campionissimo. Mais je mettais autant de cœur, dans les profondeurs des classements, dans les etc., que lui en mettait pour écraser les pelotons lancés à ses trousses, menés par les Robic, Bobet, Bartali ou Kübler... Je ne lui arrivais pas à la cheville, pas même au ras de ses socquettes blanches, mais tant pis, le mythe

Coppi était en moi et je n'étais pas près d'y renoncer. Au contraire, il continua de prospérer lorsque, à dix-sept ans, essayant d'éclaircir les méandres d'une identité personnelle chaotique, j'avais fini par retrouver mon père naturel, Maurice Maman, juif du Maroc originaire de Fès, établi à Muret, près de Toulouse, pour y pratiquer son métier d'accoucheur. Notre première rencontre eut lieu dans sa clinique, et une parole en entraînant une autre, une question, une réponse, « Ah tu es sportif, ah tu es coureur cycliste, ah fais voir tes jambes... » Et comme je m'exécutais, je reçus ce premier aveu de celui que je découvrais comme mon père : « Quand j'avais ton âge, on m'appelait Fausto Coppi. À Fès on faisait des courses à vélo dans la ville européenne, et j'arrivais souvent premier ! » Coppi, mon père ? « Tu as des jambes comme les miennes, comme il avait lui, avait alors insisté Maurice, des jambes marocaines. » Cela voulait dire quoi, des jambes marocaines ? Explication : de longues et fines jambes, des muscles étirés, pas des pelotes de sprinter aux chevilles, pas de grosses cuisses, quelque chose de l'ordre de la gazelle. Ainsi, que j'écoute mes deux pères, Michel de Tunisie ou Maurice du Maroc, Coppi appartenait à ma destinée, comme sans doute me l'avait suggéré à son insu Roger

Lapébie quand il m'avait offert de magnifiques tirages en noir et blanc du champion italien.

Ce prologue accompli, il allait de soi que je devrais compenser mon palmarès cycliste dérisoire par un hommage à Fausto en plus de mots que de victoires. Faute de l'avoir côtoyé, je l'ai imaginé. Forcément en action. À la conquête d'une hypothétique troisième victoire dans le Tour, ce dernier maillot jaune qui se refusa à lui. Pour l'accompagner, je l'ai parfois flanqué d'un Vieux Gaulois, le surnom qu'on donnait au champion français Eugène Christophe, récipiendaire du premier maillot jaune de l'Histoire le 19 juillet 1919, il y a tout juste un siècle, nous le recroiserons dans ces pages. *Arriva... Coppi*, écrivit le grand chantre du cyclisme Pierre Chany, célébrant l'apparition d'un dieu sur terre. Voici mon ode, ma rêverie, mon cinéma à moi qui s'anime – au sens d'une âme qui vibre – quand je dis Coppi.

Pas de moteur. De la lumière. Ça tourne. Ça roule.

De loin, la silhouette est effilée. Un Giacometti de chair et d'os qui frôle le ciel comme une catastrophe. Son squelette c'est sa bicyclette. Il a le visage creusé du Christ. On l'appelle Fausto. La terre entière l'appelle Fausto. Mais son premier prénom, celui que prononce sa mère, la désormais vieille dona Maria avec son chignon blanc serré comme un poing transpercé par une aiguille de buis, celui qui figure sur sa feuille d'état civil établie le 15 septembre 1919 à Castellania, dans le Piémont, son prénom devant Dieu c'est Angelo. Le petit ange, le messager. Il n'est pas l'ange de la montagne. Il a laissé l'appellation au Luxembourgeois Charly Gaul qui n'aime les cols que sous la pluie. Lui porte le soleil et l'ombre en lui. Il est Fausto. Faust dort dans son nom. Parfois il se réveille et Fausto est le jouet du diable. Au bout de Fausto roule le *o* de Méphisto.

Le grimpeur est encore loin du sommet. Son allure ne trompe pas. Le style est délié, la chaîne s'enroule à merveille autour du plateau, dans un bourdonnement de mécanique bien huilée. Rien ne coince, rien ne ralentit sa progression, pas même le pourcentage qui s'aggrave. Il donne l'illusion de la facilité. Dressé sur les pédales, il se joue de la pente. C'est à se demander s'il peine pour monter. Il donne une sensation d'apesanteur. Ses boyaux lisses et minces ressemblent à de jeunes orvets dont la peau vert pâle se marbre au contact du goudron. Il grimpe en danseuse, coupe les virages au plus près selon une trajectoire parfaite. Ses jambes de feu tournent sans accroc dans un va-et-vient harmonieux semblable au mouvement perpétuel. Le coureur abolit le temps, aplanit la montagne, défie en souplesse les lois de la gravité. Il avale le goudron que le soleil liquéfie. La sueur forme un film liquide sur sa peau. Parfois, il secoue la tête et des gouttes fusent de toute part, son corps est une masse d'eau salée. C'est bien lui, le Campionissimo. Il a deux Giros à son actif. Et deux Tours de France remportés contre son valeureux adversaire Gino Bartali, *il Vecchio*, le vieux soldat à qui la guerre a fait un trou irréparable dans le palmarès, vainqueur lui aussi du Tour à dix ans d'intervalle, 1938, 1948. Deux partout avec Gino le pieux qui se signe à tout bout de champ, qui prie le Seigneur et s'en remet au pape Pie XII pour bénir sa bécane. Mais tout le monde connaît la vérité. Depuis des années dans les pelotons, en Italie, en France, en Espagne, en Belgique, partout en Europe, des Flandres à la Casse Déserte, le plus grand c'est Coppi. Un héros qui a péché en divorçant pour suivre cette maudite Dame blanche aux parfums ensorcelés. C'est toujours une femme qui détourne l'homme du droit chemin. Fausto veut laver son honneur et celui des siens dans la victoire.

Il vise un troisième titre dans le Tour de France. Faire mieux que ce bigot de Gino. Que

Bottecchia qui remporta la Grande Boucle en 1924 et 1925, avant qu'un caillou ne lui fracasse le crâne, jeté par une main criminelle. Coppi veut dépasser tous ceux qui l'ont précédé en jaune. Il est le premier coureur de tous les temps à avoir remporté la même année le rose et le jaune, le Giro et le Tour. Il avait trente ans. Première participation au Tour, première victoire, coup de maestro. Il veut devenir le premier Italien triple vainqueur de la Grande Boucle, comme le Belge Philippe Thys, comme le Français Louison Bobet. Le jaune le galvanise. Il lui rappelle les premiers mimosas des Trois Cimes du Lavaredo, les soleils de Toscane, l'or de la fortune qu'il gagne à chaque coup de pédale. Il ne comprend pas ces Français qui disent *faire un soleil* quand ils tombent. Le soleil c'est tout en haut, comme lui.

D'ailleurs, pour cet entraînement aérien, il a revêtu un maillot jaune. Un maillot sans marque de cycle, sans réclame publicitaire. Rien que du jaune immaculé, comme s'il était né enveloppé de cette tunique. Bientôt il aura quarante ans. Son cœur est lent, un cœur d'iguane. Il se souvient des exploits du vieux Pino Cerami au même âge, et, bien sûr, des prouesses de Gino. S'il ne lui avait pas barré la route par deux fois, Bartali compterait deux Tours de France de plus dans sa musette. Alors rien ne l'empêche de gagner encore pour entrer serein en quarantaine, sans regret, sans chagrin de ce qui n'a pas été. Pendant qu'il attaque les dernières pentes, il se revoit dans l'Izoard l'année de son dernier triomphe. Bartali suffoque dans sa roue. Ils sont tous les deux sur le toit du monde. Le peloton a éclaté, leurs adversaires ont disparu. Fausto pourrait larguer *il Vecchio*. Il suffirait qu'il appuie un peu plus sur les pédales pour n'entendre que le silence des cimes. Il s'y refuse. Il préfère le *mano a mano*. Bartali lui a réclamé à boire. Fausto s'est retourné, lui a tendu le peu d'eau tiède qui restait dans son bidon. Juché sur le tansad de sa moto, un photographe de presse a immortalisé l'instant. L'image est parue dans le *Corriere della Sera*, dans *La Gazzetta dello Sport*, dans *L'Équipe*, dans *L'Éclair de Dakar* et même dans le *China Daily*. Mais la légende varie d'un journal à l'autre, selon qu'il est coppiste ou bartaliste. Pour les uns, c'est Fausto qui donne à boire à Gino. Pour les autres, au contraire, Gino le chevaleresque partage avec son jeune adversaire le restant de son bidon. L'Italie se déchire. Qui a donné à boire à qui ? La question est sur toutes les lèvres. Elle vient même à la Chambre, posée par un député du Piémont soucieux de rétablir l'honneur de

Coppi et la paix des foyers. On s'écharpe dans les rues de Livourne, de Milan, de Turin. Les deux protagonistes gardent le silence comme on garde un secret. Ils refusent de mettre de l'huile, fût-elle d'olive, sur le feu.

Fausto poursuit son effort. Souffre-t-il ? Comment savoir ? Son regard est caché par un masque. Un loup d'avion que lui a offert une hôtesse d'Alitalia il y a des années, à bord du long-courrier qui le ramenait de Buenos Aires avec la Dame blanche et Faustino, l'enfant de l'amour interdit. C'est son talisman, son fétiche. Il grimpe les cols les yeux fermés, un loup de satin sur les yeux. Il grimpe sans rien voir. La pente de chaque col est tatouée aux muscles nerveux de ses chevilles, aux nerfs tendus de ses mollets, de ses cuisses lancéolées comme les sagaies des guerriers masaïs. La pente est imprimée sur sa peau fine couleur bronze comme le visage de Garibaldi sur les billets de cinq cents lires. Il grimpe dans le noir. Il sait le nombre de virages, le dessin précis de la courbe, de la suivante, de celle d'après jusqu'à l'infini. Il sait le grain de la route, lisse, bosselé, crevassé, régulier ou semé de nids-de-poule, ou râpeux comme la langue d'un chat. Il grimpe les yeux fermés. Et il descend pareil. La montagne, il l'a avalée, digérée, terrassée, ce diable de Fausto.

La roue tourne en arrière. Rétropédalage. Sang de la jeunesse. Un homme s'avance, qui ne voit pas. Il s'appelle Biagio Cavanna. S'il ne voit rien, il sent avec ses mains. Derrière ses grosses lunettes noires, il n'a pas son pareil pour dénicher les futurs souverains. Fausto s'en remet aux doigts de Biagio. L'aveugle tâtonne, s'étonne. Jamais vu souffle si profond, muscles si longs. Il les tend et les détend comme les cordes d'un piano. Fausto pédale juste. C'est un piano à vent.

Il gonfle le buste, expire droit devant. Biagio est content. Son élève, demain, régnera en maître.

Cavanna est un accordeur de champion.

Son loup sur les yeux, Fausto est comme Biagio. De l'obscur naît la lumière. Aveuglé, il fait mieux que voir la pente, il la sent, comme Biagio sent la moindre tension de ses muscles. Fausto se souvient, il en tremble encore, de ce jour où le soigneur a palpé sa cheville et ses cuisses, le renflement poplité sous la bosse du genou. « Tu n'as pas beaucoup forcé », a sifflé l'aveugle entre ses dents. Cavanna a-t-il deviné que son élève avait rougi ? « Inutile de changer de couleur, a continué le soigneur d'une voix égale. Tu dois te faire mal à l'entraînement et la course sera moins dure, crois-moi. Maintenant c'est l'heure de ma lecture. » Fausto a passé un pacte avec son magicien aveugle. Cavanna répare ses jambes, son dos, ses nerfs. Lui qui a deux yeux vaillants nourrit l'esprit de Cavanna. Il lit au soigneur des romans d'aventures, les seuls qui le font rêver en couleurs. Depuis plusieurs jours, Fausto ânonne le roman d'un Espagnol fou furieux nommé Cervantès. Au début il s'ennuyait à lire les circonvolutions de don Quichotte parti au petit bonheur sur sa jument Rossinante, flanqué de ce pot à tabac de Sancho Pança. Il se dit que les romanciers ont du temps à perdre pour écrire ces contes à dormir debout avec des moulins semblables à des soldats géants. Et puis quoi encore ? Fausto a beau se hisser vers les sommets, il garde les pieds sur terre. À quoi servent toutes ces histoires dans l'histoire qui ne font pas avancer l'histoire, demande Fausto. « Ce sont des digressions, dit Cavanna, continue, s'il te plaît. » Le Campionissimo vient de tomber sur une phrase qui joue dans sa tête. « Et poursuivit sa route qui n'était autre que celle que voulait sa monture. Car il était persuadé qu'en cela consistait l'essence des aventures. » Il s'arrête, marque un silence, et reprend la même phrase. « Que se passe-t-il ? s'impatiente Cavanna. – *Niente* », répond Fausto. Sa main tremble imperceptiblement sur le papier bible. Il se rend compte mot après mot que ce don Quichotte lui ressemble un peu. À moins qu'il ne se prenne pour un moulin. Un grimpeur, c'est connu, possède de grandes ailes. Des Espagnols, il n'en connaît pas de dangereux. Il y eut bien ce petit Trueba, la puce de Torrelavega, premier roi de la montagne sacré dans la Grande Boucle 1933. La rumeur enfle d'un certain Bahamontes, pompeusement baptisé l'Aigle de Tolède. Il se murmure que le Tour 1960 sera pour lui. Les gens disent n'importe quoi. Fausto hausse les épaules. Ce Tour sera pour Coppi, il en a décidé ainsi. L'aigle, il lui volera dans les plumes.

Le col se poursuit. Fausto grimpe avec harmonie. Il respire l'haleine des montagnes, le thym, la menthe sauvage. Il entend le chant cristallin des torrents, les mille cymbales des cigales qui vibrent de sa gloire. Les herbes folles caressent ses chevilles. Les haies d'aloès figurent des *tifosi* conquis et idolâtres. Les neiges éternelles fondent. Une eau fraîche recouvre la route comme une marée haute venue des sommets. Il pédale à contre-courant. Cette eau transparente est un supplice. À l'entraînement, il n'emporte pas à boire. Il sait où s'arrêter pour se désaltérer. Il évite les fontaines où se baignent les chiens. Et les bars où se noient les petites volontés. Il sait deux ou trois cimetières où l'eau potable coule dru. L'eau est le cadeau des morts. Il va se rafraîchir là où Serse est enterré. Serse, c'était son petit frère. Fausto était son idole. Il l'a entraîné dans les pelotons. Il a pleuré le jour où le gamin a gagné Paris-Roubaix. Il a pleuré le jour où le gamin s'est tué au Tour du Piémont. Ils étaient comme des jumeaux. Un autre « homme au masque de frère ». En puisant l'eau claire au cimetière de Serse, il arrose aussi les fleurs de sa tombe, il lui dit des choses qu'il ne répète à personne. Il lui dit à bientôt. Coppi a compris. Cette mort-là était pour lui. Elle s'est seulement trompée de frangin.

Il repart. Fausto n'est pas dans la lumière. Il est la lumière. Il ne brille pas, il éclaire. Sur son passage les muletiers ahanent : « *Forza Coppi !* » Ils ont reconnu leur vengeur, le Zorro des Abruzzes, des Dolomites, de tous les pics de l'Italie. Eux aussi le reconnaîtraient les yeux fermés. Au chuintement de ses boyaux sur la route, des boyaux de coton qu'il appelle ses siffleurs. À l'air brûlant qu'il recrache tel un soufflet de forge. Il fait si chaud que le bitume se dissout. Un grimpeur sous le soleil est un cracheur de feu. Fausto connaît sa condition précaire. À peine au sommet, le voici lancé dans la descente. Il ne reste jamais longtemps au pinacle. Les virages s'enchaînent, étourdissants. Il devient projectile. Tout le poids de son corps pèse sur sa nuque, sur ses poignets fragiles, on croirait du verre de Murano. La vitesse le force à ralentir. Cette vitesse tant convoitée dans l'ascension, voilà qu'il la gaspille en dévalant la pente, crispé sur les freins. Sisyphe est un coureur cycliste qui prend les traits de Fausto Coppi. N'est-ce pas absurde de passer toutes ces heures à grimper pour tout dépenser en un éclair jusqu'en bas. Quel plaisir peut donc prendre un oiseau à redevenir un terrien ? Il y a longtemps que Fausto ne se pose pas des questions aussi idiotes. Il grimpe et voilà tout. Il teste sa détente, multiplie les à-coups, les changements de rythme. Son cœur reste tranquille. Le loup de satin absorbe la sueur qui perle sans lui brûler les yeux. L'obscurité a ses avantages. Dans un col, il n'a pas d'âge. Quarante ans bientôt, qui le croirait ? Il a quinze ans et son moteur, c'est la misère.

Reprenons l'histoire au début, Fausto avant le Campionissimo.

Depuis l'enfance, il est grand. Dans sa grandeur, il reste un enfant. Coppi file à toute allure mais la vie va plus vite encore. Coppi le chevalier à la triste figure, efflanqué, souffreteux, le prodige mal dégrossi de Novi Ligure. Coppi le

Quichotte, ses mains agrippées aux cocottes. Il a le teint pâle d'un homme de plâtre et pourtant toutes les couleurs de la gloire tomberont sur ses épaules, le rose du Giro, le jaune du Tour de France, le vert-blanc-rouge du champion d'Italie, l'arc-en-ciel du champion du monde. Mais la pâleur reste sa couleur immuable, le ton du malheur accroché implacable à ses basques, un malheur têtu et accrocheur, plus dur à décramponner que Bartali.

Dans le village de Castellania commence sa chanson de geste. Commis dans une charcuterie, livreur de saucissons. Un livreur ce n'est pas un coureur. Même sur les pentes du Piémont.

A-t-on jamais vu qu'un saucisson menait au Panthéon ? Cependant, sur un vieux clou, guidon de sénateur et roues épaisses comme les bouées du port de Gênes, un jeune homme sans âge, un cœur et un fuselage, écrase les pédales, s'arc-boute et sème chez ses rivaux la déroute.

Combien d'assaillants occis par Coppi ! A-t-il vendu son âme au diable pour mieux cueillir une dame blanche aux allures de Marguerite ? Fausto lâche tout le monde mais le diable, lui, ne le lâche pas. Il veille, le surveille. C'est 1935, il est encore l'heure de sourire. La victoire se pend à son bras. Il est déjà tard dans sa vie. On croirait qu'il le sait. Une guerre, la gloire, et il sera temps de mourir.

Vient le Tour du Piémont. La figure de Bartali qu'on appellera un jour *il Vecchio*.

Pour l'heure, le Toscan fait tourner la planète vélo. Il est jeune et beau, dents blanches et yeux charbon. Biagio ordonne : « Suis Bartali ! » Sans cette maudite crevaison, Coppi l'aurait estourbi, juré, d'un simple coup de jarret ! Patience, la chance aura son heure…

Le gamin devient domestique du grand Gino, en attendant mieux. Mieux, c'est d'abord le pire. La guerre, la faim, la peur, qui sait ? La peur de ne jamais remonter sur un vélo. 1940, un cycliste en quarantaine. L'uniforme recouvre le maillot. Une permission survient, le petit soldat s'aligne au Giro.

Sur les pentes des Dolomites naît rien moins qu'un mythe. Fausto voit enfin la vie en rose.

Les tifosi crient : « Coppi ! » Les mamies et les *bambini* aussi : « Coppi, Coppi ! »

Suit l'exploit sur le bois blond et luisant du Vigorelli de Milan. La piste aux étoiles où Coppi tourne en rond à la vitesse d'une toupie. Sur le plancher en érable du Liban fusent ses boyaux de soie. Record de l'heure et leurre de gloire. L'étincelle encore fragile va s'éteindre dans les sables de l'Afrique du Nord, celle de mes pères, de Michel, de Maurice. La guerre toujours.

Fausto traverse la Méditerranée, pose le pied à Tunis, direction le sud. Une mitraillette au lieu d'une bicyclette. En face, les troupes de Montgomery. Lui qui n'aime rien tant que s'échapper, le voilà prisonnier groggy au cap Bon. Pour cette première fois en Afrique, il s'en tirera.

Une petite voix lui souffle : « N'y reviens pas… »

Dès les années de guerre, le contre-la-montre est engagé. C'est un compte à rebours. Fausto ne voit pas tourner les aiguilles de la Faucheuse, il ne rêve que d'échappées belles et heureuses.

L'as renaît en 1946, sur les bords de la Riviera. Au printemps, Coppi domine les *capi* de Milan-San Remo, le capo Berta, le capo Cerve. Irrésistible, infaillible, inoubliable déjà. C'est chez les autres qu'il trouve la faille. Gagner vaille que vaille. Fausto a le cœur comme une armure et pourtant s'ils savaient, ses poursuivants, qu'un ulcère troue son estomac… Coppi appuie, tripes et boyaux comprimés. Coppi se détache, s'élève, *viva Coppi*. « *Arriva Coppi !* » s'époumonent les speakers de la radio. Le héron devenu héros porte les couleurs de la Bianchi, le maillot « *biancoceleste* », de bleu et de blanc, un pan d'azur décroché des nues.

À présent, Fausto connaît le nom de son ennemi, c'est Gino Bartali. L'Italie se déchire, son cyclisme est un aigle à deux têtes. Le drôle d'oiseau qui a franchi seul et victorieux l'arrivée de la via Roma paraît plutôt pressé de rentrer dans sa héronnière. Le public l'a découvert sur sa bécane, perché, bien dans l'axe. Avec, fichées dans son thorax, deux bonbonnes d'air comprimé. On remarque ses yeux globuleux, son visage d'enfant tourmenté. Et sa pâleur à faire peur ! C'est un cavalier de l'Apocalypse aux traits anguleux, un homme de fer avec, à l'intérieur, la tendreté du gypse. Au Giro, le vieux Gino garde le rose sur le fil du rasoir. Fausto, son dauphin, malgré un appétit de requin, ronge son frein. C'est en 1947 que le jeune ascète triomphera encore dans le Tour d'Italie, ne laissant à Gino que des miettes.

Une légende s'écrit.

Malaparte trempe sa plume dans la plaie muette du bientôt Campionissimo. « Coppi est un homme seul, un homme triste. Sa solitude, sa tristesse sont celles mêmes des machines d'acier. » L'écrivain repère la fracture qui sépare les surhommes de l'Italie cycliste. « Bartali appartient à ceux qui croient aux traditions, à leur immuabilité, à ceux qui acceptent le dogme. Il est un homme métaphysique protégé par les saints. Coppi n'a personne, au ciel, pour s'occuper de lui. Son manager, son masseur, n'ont pas d'ailes. Il est seul, seul sur sa bicyclette. Il ne pédale pas avec un ange perché sur son épaule droite. Bartali prie en pédalant. Coppi, rationaliste, cartésien, sceptique et pétri de doutes, ne croit qu'au moteur qu'on lui a confié, son corps. »

Pourtant, Fausto est reçu par le pape dont il serre la main « fine et translucide ». Il est aimé de Dieu. Ça ne durera pas. Bartali prie. Il espionne aussi. À l'insu de son adversaire, il s'introduit dans ses chambres d'hôtel, cherche les produits miracles, ressort bredouille avec, au ventre, un frisson de trouille. Il a raison de trembler. *Il Vecchio* sait ce qui l'attend. Il ne connaît ni le jour ni l'heure. Ni le lieu de l'assaut. Sera-ce dans le Stelvio, dans le Pordoi qu'affectionne Fausto, ou dans les Trois Cimes du Lavaredo ? Ou alors dans un col français aux pentes moins riantes qu'une rasade de frascati ? Peut-être dans ce Tourmalet dont le nom cache un mauvais tour de l'Esprit malin ? Bartali perd ses illusions. Il suffira d'une pression, d'un rictus, pour que, sans façon, Coppi devienne Brutus. Quand il gagne, il ne lève pas les mains au ciel, des fois que la Camarde l'attraperait au vol. Il se cramponne à son guidon. Il baisse la tête. Coppi est un pénitent gagné par la mélancolie. Chez lui, même la victoire résiste à la joie. Le destin est incertain, qui louvoie de cimes en abîmes.

Par moments, Bartali exulte. Il croit avoir trouvé la botte secrète qui terrassera Coppi.

C'est une veine dans le creux du genou droit, une veine en crue quand la fatigue submerge Fausto. Il faut être attentif pour la voir gonfler à l'œil nu. Ses équipiers se relaient dans le sillage de Coppi, ses domestiques, ses *gregari*, ils attendent le signal. Qui voit sa veine voit sa peine. « La veine, la veine, il a la veine ! » crie un serviteur de Gino. Dès qu'elle se remplit de sang mauvais, *il Vecchio* ne fait pas de quartier, il sonne la charge, court, vole et se venge. La veine est sa chance. Mais gare au cauchemar de l'Izoard. À la solitude de la Casse Déserte. Dans le Giro 49, Coppi lâche Bartali, qui lâche prise. Une minute, deux minutes, trois, une éternité. Le temps n'est jamais le même. Fausto le gagne, Gino le perd. Fausto roule et Gino coule. Le temps file, quatre minutes, cinq, six, sept. Dépêché sur la course, Dino Buzzati convoque la solennité des mythes : « C'est contre une puissance surhumaine que Bartali a lutté, et il ne pouvait que perdre. »

Mais qu'est-ce qu'un champion qui n'a jamais ceint son torse de jaune ? Qu'est-ce qu'un cycliste qui n'a pas remporté le Tour de France ? Fausto s'aligne dans la Grande Boucle puisqu'il en va de son rayonnement. Le début tourne à l'aigre. Le Transalpin perd du temps, perd confiance. Cinq étapes ont suffi pour ruiner son moral. Bartali et Kübler s'en donnent à cœur joie. Fausto parle d'abandonner. C'est couru, il va rentrer chez lui. À Saint-Malo, il traîne à plus d'une demi-heure du leader Marinelli, dit la Perruche. Fausto, lui, ne vole plus. Il est collé au bitume, sans volonté. Il ne gagnera pas le Tour. Vraiment ? Un petit homme au regard bleu, casque colonial et short du major Thompson – M. Jacques Goddet patron de l'épreuve – rend une visite tardive à l'ombre de Coppi. Il le roue de mots. Puis se fend d'un édito qui fait mouche et fera date. La plume est vinaigre : « Il n'aura donc fallu que cinq étapes de notre Tour pour que celui qu'on disait être le plus grand champion de tous les temps se désarticule et s'effondre comme le pantin dont on lâche soudain les ficelles. » Il y a là du Geppetto déçu par Pinocchio. Et le pantin se relève, se rebelle, se rebiffe. Il rattrape le temps, retrouve le tempo.

Contre la montre, contre les autres, contre lui-même, il bataille.

Plus personne dans le peloton des cracks n'est de taille. Et revoilà l'Izoard. Après le Giro, même scénario avec Gino. Roue dans roue dans la Casse Déserte. Paix armée. Fausto attend Gino. Gino attend Fausto qui laisse son meilleur ennemi le devancer sur la ligne. Cadeau d'anniversaire. *Il Vecchio* a trente-cinq ans. Fausto a toute la vie devant lui, croit-il. Au Val d'Aoste, le lendemain, le premier maillot jaune de sa carrière moule son buste et ses épaules. Il ne le lâche plus. Il est le premier champion de l'Histoire, on l'a dit, à gagner les deux grands Tours. Jacques Goddet le salue d'un retentissant « Merci Fausto » en gros titre dans *L'Équipe*. « Il fallait à Coppi cet exploit. Une pierre précieuse a besoin d'une jolie monture, le danseur du faisceau lumineux, et l'oiseau du ciel clair. »

Fausto n'est plus à un exploit près. Il gagnera encore deux Giros et un Tour de France, il vaincra en Lombardie, en Campanie et dans le Trophée Baracchi. Il vaincra les pavés à Roubaix, déc(r)ochera la Flèche wallonne. Il sera surnaturel, il sera sublime. Il sera champion du monde et même vainqueur à Buenos Aires. Et briseur de cœurs... Car, avec la belle Giulia, que

La Stampa a nommée « la Dame blanche », mère de famille tenue pour une aventurière, il plonge dans l'adultère. Rien ne va plus avec le pape qui refuse de bénir un peloton mené par cette brebis égarée. C'est l'heure du châtiment. Giulia donne un enfant à Fausto. Mais la pieuse Italie se détourne, le peuple se fâche. Les cardinaux se refusent à briser un mariage pour couvrir un caprice. Fausto tombe, se blesse, se cherche et trébuche. Serse n'est plus là pour le relever. Fausto pédale sans joie ni amour, absent de sa propre existence, hissant avec douleur son fardeau de culpabilité. Comment être léger avec le cœur lourd ? La fin est douloureuse parce qu'elle est sans issue. Fausto court après la gloire avec la force du désespoir. Il court le cachet. Il court derrière la lumière. Parfois, il gagne. Mais souvent il perd les courses et aussi un peu plus de son âme… Fausto court comme on fuit. La tristesse le submerge. Il s'épuise dans les critériums, dans les tourniquets sans importance. Il est le Buffalo Bill du crépuscule qui, à la fin de sa vie, tirait à blanc dans les cirques sur des Indiens en carton-pâte. À chaque départ, Coppi est là, sourire de circonstance aux lèvres, maigreur de fakir qui sait trop bien les noirceurs de l'avenir. À l'arrivée, Coppi a disparu. Reste son ombre énigmatique. Fausto est ailleurs. Il est des échappées dont on ne revient pas. Des voyages sans retour. Le *Corriere della Sera* a trouvé le mot juste : « Coppi est un roman qui cherche sa fin. »

Mais pourquoi aller si vite, la vie est assez brève pour ne pas l'accélérer inutilement. Appuyée sur un muret, scintille la bicyclette de Fausto, un bijou bleu ciel de la Bianchi. Une monture de rêve, légère et nerveuse. Avec sa selle rousse, une Brooks. En cuir véritable, retaillée au ciseau. Des équipements tout Campagnolo – l'excellence italienne –, le large guidon Cinelli et son blason ciselé, le ruban tressé de la guidoline. Le pédalier chromé, les pointes de fourche affûtées, les aciers qui brillent comme les gros rivets cuivrés de la selle. Des arrache-clous cambrés à hauteur des mâchoires de frein, petites guimbardes de métal léger qui font sauter comme des puces les graviers collés à la gomme. Ce n'est pas Rossinante mais qui sait où mène pareil engin en liberté. Un vélo est une machine à remonter le temps. Enfourchez-le et voyez. Fausto a trente-neuf ans. Un échassier long comme un jour sans pain. Justement Fausto a faim. Son loup sur l'œil, il grimpe vers son sommet. Gagner encore une fois. Gagner aveuglément. Son corps tremble et se cabre. Ses jambes tricotent la route, une maille à l'endroit, une maille à l'envers. Elles tombent bien droit, deux pistons à injection. La pente se plie à sa volonté.

L'ombre est la richesse de l'arbre. Toujours chercher l'ombre. Coppi saute en pleine rampe d'une tache d'ombre à l'autre. Dès qu'il peut, il évite les flaques de soleil. Des ânes le regardent passer. Il dégouline. Sa jeunesse revient. Il retrouve son coup de pédale cruel, celui qui tua tant d'espoirs chez ses poursuivants. Un homme s'est porté à sa hauteur. Un vieux cycliste.

– Qui es-tu ? demande Coppi.

– Je suis le Maillot jaune. On m'a même enterré avec quand je suis mort.

– Tu es Eugène Christophe ?

– Bravo. Le premier coureur de l'Histoire à avoir porté la belle tunique que tu convoites une dernière fois.

– Qui te l'a dit ?

– Personne. Il suffit de te regarder pédaler. C'est l'allure d'un vainqueur. Mais sois prudent, Fausto. Ce col n'est pas un col comme les autres.

– Et moi je ne suis pas un coureur comme les autres.

– Tu as raison. Je sais ton palmarès. Moi, je n'ai jamais ramené le maillot à Paris. Chaque fois j'ai chuté avant. Dans le Tourmalet, j'avais course gagnée, c'était en 1913. Ma fourche s'est brisée. J'ai marché 20 kilomètres dans la nuit, jusqu'à la première forge. Le règlement interdisait qu'on m'aide à réparer. Le forgeron et son fils m'ont regardé faire, impuissants. J'ai fait naître une grosse flamme et j'y ai approché la fourche blessée. Le commissaire de course plongeait son nez dans la lumière, pour vérifier que personne ne me donnait la main. Tu parles d'une humanité. Son estomac s'est mis à crier famine. Il a voulu que j'arrête le temps qu'il se trouve à manger. Je l'ai attrapé par le col. « Si vous avez faim, mangez du charbon ! » Et je l'ai poussé vers le tas de boulets noirs pendant que, de l'autre main, j'offrais ma bécane à la flamme. J'ai fini par repartir. Avec des heures de retard. J'ai dit adieu au Tour. On ne change pas le destin, même dans la forge de Vulcain. Et en 1919, rebelote, ma fourche qui se brise à Raismes, faubourg de Valenciennes, deux jours avant la victoire promise. Cette année-là ils avaient inventé le maillot jaune. J'y croyais plus dur que fer puisqu'il était là collé à ma peau depuis Grenoble. Il y a eu le premier homme sur la Lune. Moi, j'ai été le premier cycliste à porter la tunique d'or. Sois prudent, Fausto. Ce col n'est pas comme les autres.

– De quel col parles-tu, Vieux Gaulois ?

– Du col de la vie. Tu es dans les derniers lacets. Gare, ils sont traîtres.

– Je ne comprends pas ce que tu me dis

– As-tu entendu parler d'Octave Lapize, de Petit-Breton, de François Faber ? Des gars qui méritaient un beau maillot jaune, mais avant guerre, le Tour n'avait pas ça en rayon. Le leader remoulait sa gloire en anonyme sur les routes, pas de paletot distinctif puisque c'est moi qui ai reçu le premier. Un honneur inoubliable.

– Pourquoi prononces-tu leurs noms ?

– Parce que la guerre les a emportés en pleine jeunesse. Lapize le premier vainqueur du Tourmalet, abattu dans son avion de chasse. Et le grand Faber descendu par les Boches quand il rentrait dans sa tranchée un copain blessé sur le dos. Et Petit-Breton qui avait vécu comme toi en Argentine.

– Que lui est-il arrivé ?

– Il revenait du front pour sa permission de Noël. Il allait retrouver sa fiancée. Son auto a percuté un cheval qui tirait la charette d'un paysan ivre.

– Et alors ? demande Fausto.

– Alors rien. La route est tracée. La route est têtue.

– Pas plus que moi. Je gagnerai le Tour cette année.

– Je vois trente-neuf lacets, pas quarante.

– Trente-neuf lacets ? Mais où sommes-nous donc ?

– Je te l'ai dit. Au col de la vie.

Le Vieux Gaulois a disparu comme il était venu. Fausto continue.

Il pédale les yeux fermés. Il croit savoir où il est. Cette voix grave et rauque qui lui parle, est-ce Biagio ? Est-ce Méphisto ? Leurs voix se confondent. C'était il y a longtemps, l'année de ses dix-neuf ans. Il a senti du jeu dans sa roue avant, des craquements dans son dérailleur. Biagio était colère après lui. « Fausto, avant de partir rouler, tu dois vérifier ton matériel. C'est moi qui ai desserré tes roues en espérant que tu stopperais aussitôt. Tu veux attraper la mort sur ton vélo ? Tu laisses au hasard ta trajectoire, tes cent à l'heure dans les descentes, sur un centimètre de caoutchouc ? Je ne te le dirai plus, Fausto, les boulons, les câbles, les crevasses dans tes boyaux, c'est avant qu'il faut les inspecter. Après, ce sera trop tard. Place un démarrage avec une roue qui branle, tu m'en diras des nouvelles. » Le jeune homme a pâli plus que d'habitude. Il a retenu la leçon. Bien sûr, il aura des mécanos de génie, dévoués jusqu'à passer des nuits blanches au chevet de son destrier.

Mais c'est lui et lui seul qui aura toujours la dernière main. L'ultime coup d'œil.

Méphisto ne s'en laisse pas conter. Les histoires du pape qui ne voudrait plus accorder sa grâce à Fausto pour des histoires d'adultère, ça le fait bien rire. La dernière fois que le Saint-Père a reçu le champion en audience privée, il ne lui a pas du tout dit ce qu'ont rapporté les journaux. Seul *L'Osservatore romano*, l'organe du Vatican, s'est permis un pieux mensonge par omission en ne rapportant aucun propos de Jean le débonnaire. La vérité est que le lointain successeur de saint Pierre a mis Coppi à l'aise d'entrée de jeu : « Gino est pénible à invoquer le Très-Haut à tout bout de champ, a commencé le pape. Il prie Dieu pour un oui ou un non, pour un haut ou un bas, mais je le lui ai répété cent fois déjà : Notre-Seigneur n'a que faire des courses cyclistes. Sais-tu pourquoi, Fausto ? C'est très simple : elles ont toujours lieu l'après-midi, au plus fort de la chaleur. Et, à ces heures molles et moites, le Seigneur fait comme moi, il se repose. Les plus zélés des cardinaux prétendent qu'Il prie pour les hommes et en particulier pour les champions de la trempe de Gino. Mais c'est un opium distribué sans vergogne au peuple crédule. En réalité, Dieu dort et entend bien qu'on ne Le dérange sous aucun prétexte. Pas même le Giro d'Italie ou ce Tour de France qui déchaîne tant de passions, et encore moins pour les courses de moindre importance ! Alors, fais-toi confiance, Fausto, tu ne dois croire qu'en toi, dans la force de tes muscles, dans ton caractère bien trempé, dans ta soif de vaincre, et dans quelques potions qui galvanisent, un peu comme notre vin de messe à nous autres. Le cyclisme est un art d'élévation. Mais tu dois t'élever seul, et ne compte pas sur l'empire céleste pour te rapprocher du Ciel. Si, d'ailleurs, tu croises Gino un de ces jours, dis-le-lui encore, il finira peut-être par se mettre ça dans sa caboche de Toscan ! »

Fin de la rêverie que m'a inspirée Coppi. Ainsi en est-il des légendes. Le faux et le vrai se mêlent pour donner au songe sa part de sublime. Mais même les songes ont une fin, et les super-héros du vélo meurent aussi. Ils sont plus de vingt mille, le 4 janvier 1960, à grimper sur les hauteurs de Castellania. Le petit cimetière du village est accessible par un étroit chemin pentu couvert de boue. Dans la mort, Coppi grimpe une ultime côte, son Golgotha – les dernières marches de son calvaire, à moins que cette montée ne soit une descente aux enfers.

La vie lui était si pesante. Attendait-il de l'au-delà sa délivrance ? Reste l'image tenace de ce drôle d'échassier squelettique et puissant, bouche ouverte, jambes déliées, déplaçant les montagnes, écrivant sa légende sur la pointe de ses cale-pieds. Coppi court toujours dans les cœurs. Il laisse dans son sillage le parfum mêlé de la souffrance et du soufre, l'alliage des immortels. Coppi s'échappe. Il ne sera plus rejoint.

Je ne serais pas quitte avec Coppi si j'escamotais la parole de Serge Klarsfeld que j'interrogeai en direct sur France Télévisions, au téléphone, alors que le Tour 2015 entrait sur les Champs-Élysées. Son fils Arno m'avait entendu quelques jours plus tôt demander à Costa-Gavras et à Claude Lelouch leurs souvenirs du Tour. « Vous devriez demander à mon père, m'avait suggéré Arno, il a des choses à dire sur Coppi. » Aussitôt dit, aussitôt fait. C'est ainsi que, un dimanche de juillet, la France aimantée à son écran entendit cet étonnant récit de l'historien et avocat français, chasseur de criminels nazis et inlassable défenseur de la cause des déportés avec sa femme Beate : « Pendant la guerre, se souvenait-il, j'étais à Nice en 1943. J'appréciais les Italiens car, dans cette période, ils n'ont livré aucun Juif, ni à la police de Vichy ni aux Allemands. Après le sacrifice de mon père, raflé par les nazis, je me suis retrouvé à Paris. Et c'est là, en 1946, que j'ai vu passer une fusée verte à la porte de Saint-Cloud, c'était Fausto Coppi qui triomphait dans le Grand Prix des Nations. Il est devenu mon héros. Plus tard je suis allé l'attendre devant son hôtel, rue de la Tour. Il m'a pris sous son aile et m'a proposé de passer une soirée avec lui au vélodrome où il courait. J'étais gêné car je n'avais pas d'argent. Il m'a dit : "Tu es mon invité." C'est comme ça qu'il m'a emmené au Vél d'Hiv. J'ignorais à l'époque ce qui s'était passé là en juillet 1942, la rafle de 8160 Juifs, des hommes, des femmes, des enfants parmi lesquels j'aurais été si j'avais alors vécu à Paris. Il m'a fait entrer là. J'étais près de lui, près de Coppi. Le Vél d'Hiv pour moi, c'était lui. Je n'ai su que plus tard ce qui s'était passé dans ce lieu. Coppi, comme Vittorio de Sica au cinéma – avec notamment son film *Le Voleur de bicyclette* –, était de ceux qui avaient réhabilité l'Italie après la guerre. Ce ne fut pas le cas immédiatement de Bartali, facile vainqueur en 1948, mais qui abandonna avec toute l'équipe d'Italie en 1950 après des bagarres avec les spectateurs dans les Pyrénées. » On le voit, l'auteur du *Mémorial de la déportation des Juifs de France* avait une belle culture cycliste. Quant à Bartali, Maillot jaune à dix ans d'écart, 1938-1948, c'est seulement après sa mort qu'il fut reconnu *juste parmi les nations* pour avoir permis de sauver des centaines de Juifs italiens de la déportation, transportant dans les tubes de son vélo quantité de faux papiers, au risque de sa vie. Une épopée qu'il garda pour lui, confiant seulement un jour à son fils Luigi : « Le bien on le fait, on ne le crie pas sur les toits. » Depuis 2016, son nom figure sur un mur du mémorial de Yad Vashem, à Jérusalem. Une histoire merveilleusement contée par le journaliste Alberto Toscano dans un livre au titre éloquent : *Un vélo contre la barbarie nazie. L'incroyable destin du champion Gino Bartali.*

Bartali-Coppi... Le second remporta les Tours 1949 et 1952, quand le premier triompha, je l'ai dit, à dix ans d'intervalle, en 1938 et 1948. Reste une image rare de l'année 1949 : les deux champions italiens parés de jaune à vingt-quatre heures d'intervalle. Bartali après sa victoire d'étape à Briançon le 18 juillet, jour de ses trente-cinq ans, avec l'assentiment de son cadet qui le laissa gagner au terme d'une longue échappée à deux. Puis Coppi dès l'étape suivante. Après une crevaison d'*il Vecchio*, le Campionissimo s'était lancé dans un raid victorieux, prenant le maillot sur ses terres italiennes d'Aoste. Pour ne plus le quitter jusqu'à Paris.

4

Les Maillots jaunes de Serge Laget

Soyons honnêtes. Pas question de péter plus haut que sa selle. Question maillot jaune, je serais un bleu si je n'avais lu et relu depuis l'adolescence un peloton d'érudits qui m'ont ripoliné la mémoire à la bonne couleur. Car des historiens du Tour, j'en connais qui méritent le maillot de leader, qu'ils soient reporters, historiens, fous d'archives, passionnés toujours. Sans eux, je ne saurais rien des circonstances de l'apparition du célèbre maillot en 1919, ni de la tragédie à répétition, pour ne pas dire la malédiction, qui frappa son premier porteur, le Français aux moustaches en guidon de vélo Eugène Christophe que j'ai fait chevaucher avec

Coppi par goût des anachronismes. Je pense à trois mousquetaires qui sont quatre. Jacques Augendre, le plus ancien dans l'ordre du mérite, est le journaliste qui a suivi un nombre record de Tours de France. Ce n'est pas un hasard s'il commença en 1949, l'année Coppi, enchaînant quelque cinquante-cinq Grandes Boucles pour le compte de *L'Équipe*, du *Monde*, du *Midi Libre* ou du *Miroir du cyclisme*, si on s'en tient aux titres les plus connus. Proche des champions au point de pédaler parfois à leur côté – comme avec Bobet –, modeste et érudit, il est, à quatre-vingt-quatorze ans, notre mémoire vive du Tour. Jean-Paul Ollivier, dit Paulo la Science, est bien sûr de ma bande des Quatre, tant son allure bonhomme et son savoir encyclopédique ont marqué, enchanté, animé les retransmissions depuis 1975, sur la moto derrière les coureurs ou au poste d'historien-commentateur aussi fort en histoire du vélo qu'en histoire de France. Ses innombrables ouvrages sur le Tour comme sur les champions – *Fausto Coppi, la gloire et les larmes* (Glénat), une merveille – sont des compagnons indispensables pour qui veut aller loin dans les arcanes du cyclisme et du maillot jaune ! Impossible aussi d'ignorer la plume chatoyante et profonde à la fois d'un styliste hors pair, fils de Chany et de Blondin – on y ajouterait volontiers Kessel pour son sens du baroud –, de Philippe Brunel, cet amoureux d'Italie, ce confesseur unique de champions – à commencer par le roi Eddy Merckx – dont les récits-enquêtes comme *Vie et mort de Marco Pantani* (Grasset) sont des œuvres inoubliables d'un d'écrivain qui allie vista et mélancolie, dans un style qui enchante encore les colonnes de *L'Équipe*.

Mais pour mener à bien ma mission de narrer les aventures du maillot jaune, un nom s'imposait entre tous. Celui de Serge Laget. Ce jeune septuagénaire lozérien (il tient à cette appellation d'origine), est de la trempe des incollables. Il fut pendant dix-sept ans chef de département au musée du Sport avant de devenir journaliste-documentaliste à *L'Équipe* pendant vingt ans... Le plus souvent possible, il cuit ses livres comme du bon pain avec son épouse Françoise et leur fils Lionel. La triplette de Popincourt, comme il l'appelle, n'a rien à envier à celle de Belleville... Si on leur doit des ouvrages de référence comme *Jours de fête. La grande histoire du Tour de France*, Serge publie chaque année avec son ami Claude Maignan *Le Compte-Tours*, qui « conte et raconte tous les Tours de France ». Pour être précis, c'est la bible des suiveurs remplie de toutes les histoires et de toutes les statistiques possibles concernant chaque Grande Boucle depuis 1903, chaque vainqueur, chaque péripétie de course, chaque étape avec ses classements. C'est dire qu'au moment de succéder à Jean-Paul Ollivier au commentaire sur France Télévisions (en 2015 et 2016), j'emportai les antisèches de Serge Laget pour éviter blancs et bévues à l'antenne ! À peine sorti de l'écriture de ce maître livre tombé à pic, *100 ans de maillot jaune, 1919-2019* (Hugo Sport), voilà comment il a illuminé de jaune ma lanterne.

Cher Serge, une question facile pour commencer : à quand remonte la création du maillot jaune ?

Au Tour 1919 ! C'est le Tour de la reprise dans une France meurtrie, souffrant d'un manque d'hommes et de matériel. En raclant les fonds de tiroir, le fondateur de la Grande Boucle, Henri Desgrange, finit par trouver soixante-sept courageux. Beaucoup sont des rescapés et portent des blessures du conflit. Parmi les partants, les trois quarts des coureurs ont disputé les Tours d'avant 1914. Pénurie oblige, les équipes de marque – Peugeot, Alcyon ou Armor – ont fusionné en un seul groupement, La Sportive, dont tous les maillots sont gris ! Quand le célèbre Henri Pélissier abandonne aux

Sables-d'Olonne, on a du mal à reconnaître l'obscur Eugène Christophe, beaucoup plus discret. Au bout de deux étapes, on compte déjà quarante abandons. Il faut essayer de créer un choc. Lequel ? Responsable de La Sportive, l'ancien pistard, écrivain et journaliste, Alphonse Baugé se souvient d'avoir jadis équipé de jaune ses soigneurs et ravitailleurs pour les rendre plus visibles des coureurs la nuit. Desgrange accepte l'idée de distinguer le premier de l'épreuve avec un maillot jaune. Idée ratifiée dans les Pyrénées, autour du 10 juillet 1919. Un télégramme part pour Paris, afin de commander chez Fashionable six maillots de laine jaune. On les attend à Marseille pour le 14 juillet, mais ils n'arrivent qu'à Grenoble. Et là, l'événement donne droit à cinq lignes non signées dans le journal *L'Auto* du samedi 19 juillet 1919 : « Le maillot de *L'Auto* à Christophe [c'est le titre]. J'ai remis ce matin au vaillant Christophe [leader de la course depuis le 5 juillet] un superbe maillot jaune. Vous savez déjà que notre directeur a décidé que l'homme de tête du classement général revêtirait un maillot aux couleurs de *L'Auto*. La lutte va être passionnante pour la possession du maillot. Alavoine et surtout Lambot voudraient bien le porter. »

Le maillot est donc jaune parce que les pages du journal organisateur sont jaunes ?

Exactement. À l'époque, les journaux sportifs étaient souvent imprimés sur du papier de couleur. Il y eut le jaune, le vert, le rose. Le jaune a eu la peau de tous ses concurrents ! À 1 h 30 du matin – les départs de nuit sont alors classiques –, au contrôle installé au café de l'Ascenseur, cours Gambetta, Christophe enfile donc le premier maillot de l'Histoire au seuil de la 11e étape, qui va conduire les rares rescapés à Genève après 325 kilomètres de course. Ce Tour de baptême du maillot jaune est aussi héroïque parce que, malgré les meurtrissures de tous ordres, Desgrange ne l'a en rien atténué. Avec ses 5600 kilomètres, il est même plus long de 200 kilomètres que celui de 1914. C'est le treizième de l'histoire, et ces 200 kilomètres supplémentaires sont ceux des retrouvailles sacrées, magiques, avec l'Alsace-Lorraine libérée. Le maillot couleur soleil est celui de la renaissance.

On raconte qu'il y eut parfois deux, voire trois porteurs du maillot jaune en même temps. Légende ou vérité ?

La notion de temps n'était pas la même qu'aujourd'hui et les mesures beaucoup moins précises. Souvenons-nous des vélodromes de province de la Belle Époque : les temps étaient pris avec le pouls des chronométreurs, comme l'a écrit Jules Renard. On se sert des chronomètres, mais de manière sérieuse et romantique à la fois. Ce qui expliquera les *ex æquo*... En 1929, il y a ainsi eu, à Bordeaux, trois coureurs pour se partager le maillot jaune : Frantz, Leducq et Fontan. En 1937, à Digne, au départ de la 10e étape, c'est Mario Vicini et Sylvère Maes qui se partagent le maillot symbolique. Bien avant, dans les années 1920, il y avait eu des cas avec plusieurs *ex aequo*, mais s'était alors posé le problème de rareté du maillot jaune...

Pourquoi ce maillot est-il devenu un emblème ?

Il est devenu la récompense suprême d'une course mythique, qui se dispute sur le plus grand stade du monde : la France, sur 2 000, 3 000, 4 000, voire 5 700 kilomètres en 1926. Une épreuve gratuite pour 12 à 15 millions de spectateurs, et annuelle, ce qui n'est pas le cas des autres grandes manifestations sportives mondiales comparables comme les Jeux olympiques ou la Coupe du monde de football. Ce symbole d'excellence, reconnu partout et par tous, revêt une dimension mythologique qui, toutes proportions gardées, le relie aux légendes laïques ou religieuses de l'Antiquité et du Moyen Âge comme la Toison d'or ou le Graal. Le maillot jaune, c'est la première place, la reconnaissance absolue, indiscutable. En surgissant dès 1919, il prend de vitesse les anneaux olympiques apparus aux Jeux en 1920 à Anvers…

Quelles sont à vos yeux les plus grandes heures du maillot jaune, les dates les plus parlantes, les plus belles histoires attachées à cette tunique ?

Le Tour c'est « une croisade du muscle », comme se plaisait à l'écrire Henri Desgrange, son premier barde, qui compare les prouesses d'Henri Pélissier aux œuvres des plus grands peintres. Albert Londres viendra à la rescousse en 1924 pour chanter le maçon italien Ottavio Bottecchia qui tranche les montagnes avec son nez, portant le maillot jaune de bout en bout, comme le Luxembourgeois Nicolas Frantz en 1928, un métronome taillant la route avec un guidon en corne de vache. Antonin Magne est son fils spirituel en 1931 et 1934 avec son pendule et ses colliers porte-bonheur. Dès la première étape du Tour 1935, Romain Maes force la porte du destin en prenant le portillon du passage à niveau de Haubourdin. On ne le reverra qu'à Paris. Plus tard, son café s'appellera *Le Maillot jaune*... J'oubliais le maillot perdu et retrouvé par Bobet à Saint-Brieuc en 1954. Il donne son maillot jaune à sa sœur pour lui faire plaisir, et celui qu'il espérait n'est pas là. C'est Raymond Le Bert, son soigneur, heureusement de Saint-Brieuc, qui doit aller cueillir dans son armoire aux trophées l'exemplaire offert en 1953. En laine, il a rapetissé. Qu'à cela ne tienne, on fera appel à un boxeur aux larges épaules pour l'agrandir. Bottecchia l'avait bien en 1924, mais en cette pleine période mussolinienne, pour ne pas susciter l'ire des tifosi, à Briançon, près de la frontière, il préféra l'anonymat de son maillot Automoto. Il faudrait aussi parler du gardien de la voiture à coffre qui protège les maillots jaunes en 1938, il s'appelle Toison. Authentique. En 1949, Jacques Marinelli souffle le maillot jaune à Coppi pendant six jours, de Rouen à Pau. Le petit qui n'a pas peur des gros permet à *L'Équipe* de faire des ventes providentielles à un moment où le journal vacillait. À Pau, la Perruche, comme l'a baptisé Jacques Goddet, abandonne son plumage jaune, mais il a changé de statut, et ensuite ce sera même de vie... L'apothéose étant l'enseigne de son magasin d'électroménager de Melun : *Le Maillot jaune*, bien sûr. Quant aux frères Simon, Pascal est en train de gagner le Tour 1983, quand une chute le contraint à l'abandon du côté de l'Alpe d'Huez, la montagne qui sacre les Maillots jaunes. C'est aussi dans le coin, que, magiquement, son frère François endossera le même maillot huit ans plus tard…

Et les histoires les plus dramatiques ?

Dès 1919, le baptême du maillot jaune dessine lui-même sa dramaturgie et sa noblesse. Sa première attribution, à Eugène Christophe, procède d'une justice catégorique : c'est le plus valeureux, le plus courageux et probablement le plus honnête du peloton. À peine a-t-il savouré ce soupçon de gloire qu'elle se soustrait à lui dans l'avant-dernière étape, la terrible Metz-Dunkerque – plus de 450 kilomètres et de vingt heures de selle… Christophe est mal, Lambot le passe, et là, Cri-Cri casse sa fourche à Raismes près de Valenciennes. Il a perdu, il est troisième… Et c'est lui-même qui remet son maillot jaune au Belge Firmin Lambot, son vainqueur, plus chanceux. L'épopée est en route. Victor Fontan, lui, abandonne en jaune sur bris de machine, dans ses chères Pyrénées, en 1929. Les chutes auront leur part de responsabilité dans ces drames, Wim Van Est tombe dans l'Aubisque en

1951, comme Ocaña dans la descente du col de Menté en 1971…

En quoi le maillot jaune transcende-t-il un coureur ?

Avec le maillot jaune, un coureur entre dans une histoire qui le dépasse. À partir de 1948, et jusque dans les années 1980, puis à nouveau depuis 2003, il y a les initiales du grand patron, HD, et c'est une légende. Toutes ses mailles ont une histoire. Gamin, au bord de la route, à la TSF ou à la télé, vous en avez rêvé, et là, c'est vous. Vous. Vous vous pincez, vous frissonnez, mais, sur cette pierre jaune, désormais, il va y avoir votre nom. Vous devinez, vous sentez les noms, les exploits, les drames que ce maillot véhicule, et soit vos forces en sont démultipliées comme pour Magne, Bobet, Fignon ou Hinault, soit vous êtes écrasé par le poids de ces ombres et lumières – la poisse, la fatigue, le choc pouvant aussi compliquer cette consécration. Le maillot jaune sera donc un habit de lumière ou d'ombre. Qu'importe, un jour, une fois, c'est déjà un rêve que l'on touche. Un miracle. Car ce maillot est magique.

On se souvient de coureurs parfois obscurs parce qu'ils ont porté, même une seule journée, le maillot jaune. Pourquoi cet impact dans la mémoire collective ?

Citons leurs noms : Léon Le Calvez, Cyril Dessel, Romain Feillu, Bernard Gauthier, Roger Hassenforder, Antonin Rolland, Jean Malléjac, ou Vincent Barteau, Martial Gayant, Roman Pensec, Raymond Delisle, Michel Vermeulin, Thomas Voeckler, Tony Gallopin… Qu'ils aient conservé le maillot un jour ou dix, ils ont fait la une. Ils ont inspiré Antoine Blondin, ou Jean Cau, ou Jacques Goddet, ou Pierre Chany. Ils sont sortis du lot. Ils ont décroché la lune. Dans le sillage de la noblesse impériale chère à Napoléon, son maître, Desgrange a franchi un cap avec cette tunique : comme tout grognard avait dans sa giberne son bâton de maréchal, tout coureur du Tour a dans sa musette un maillot jaune virtuel. Terminer le Tour fait de vous un Géant du Tour. Gagner une étape vous donne un grade. Porter le maillot vous donne la noblesse.

Certains coureurs ont gagné le Tour sans avoir porté le maillot jaune, pouvez-vous rappeler ces épisodes ?

Là, vous mettez le doigt sur les exceptions exceptionnelles, ceux qui ont gagné le Tour sans jamais gagner une étape, ou sans jamais porter le maillot jaune. Dans la première catégorie, six coureurs qui n'ont pas gagné d'étape dans le Tour qu'ils ont remporté, de Firmin Lambot en 1922 à Óscar Pereiro (déclaré gagnant après le déclassement de l'Américain Floyd Landis en 2006), en passant par Roger Walkowiak (1956), Gastone Nencini (1960), Lucien Aimar (1966) et Greg LeMond (1990). Dans la seconde catégorie, on trouve seulement deux champions, Jean Robic et Jan Janssen. Une curiosité absolue, même s'ils avaient décroché des étapes, trois pour Robic en 1947 et deux pour Janssen en 1968. Le Breton et le Hollandais n'ont en effet porté le maillot que pour leur tour d'honneur au Parc et à la Cipale de Vincennes où arrivait alors le Tour, avant le sacre des Champs-Élysées inauguré par Bernard Thévenet en 1975 ! Cela signifie que Robic et Janssen ont fait basculer la course dans la dernière étape. L'idéal pour un organisateur. Si on essaie de leur trouver des traits distinctifs, on pourrait dire que l'un se singularisait par son casque de cuir, et l'autre par ses lunettes. Ces forts caractères prennent le maillot le plus tard possible, pour ne pas dire *in extremis*. Et les deux à la faveur d'un contre-la-montre, car si Robic fait la différence dans la dernière côte, à Bonsecours, c'est dans le chrono entre Vannes et Saint-Brieuc qu'il s'est replacé.

De tous ceux qui n'ont pas porté la précieuse tunique, Poulidor est le plus célèbre... Parmi les quelque deux cent soixante coureurs qui ont décroché cette timbale ne serait-ce que pour quelques heures, on trouve un certain Giancarlo Polidori, mais de Poupou point !

Ce maillot jaune, il le méritait cent fois. Il a connu « la gloire sans maillot jaune », titre d'un de ses premiers livres. Il aurait pu et dû le porter, ce maillot, le 12 juillet 1964, au puy de Dôme, quand, au terme d'une étape mémorable, il ne lui manqua que quatorze secondes pour déboulonner Anquetil. Mais il en a été encore plus près en 1967, dans le premier des prologues disputé à Angers. Un illustre inconnu, l'Espagnol José María Errandonea, l'en a privé pour six petites secondes. Il l'a même frôlé en 1973, pour le grand départ de Scheveningen, en Hollande, où pour seulement 80 centièmes de seconde, le local Joop Zoetemelk, son ami, l'a empêché d'enfiler ce fameux maillot ! Des vainqueurs moraux comme lui, il y en a eu avec Christophe ou Vietto, mais eux avaient porté le maillot. Pas lui. L'année de ses quatre-vingts ans, en 2016, il a été fêté comme s'il avait gagné quatre-vingts Tours ou presque. Je plaisante à peine. Il a tant donné de doré et de noblesse au maillot jaune que c'est un cas unique. D'ailleurs, il est fort logiquement l'ambassadeur extraordinaire de la banque au maillot jaune, l'ancien Crédit Lyonnais devenu LCL…

Justement, quels ont été les grands sponsors du maillot jaune ?

Les sponsors ou parrains du maillot jaune ne sont pas si nombreux que ça, puisque l'exercice remonte à l'émergence de la publicité, qui a pris la suite de la réclame, après la Seconde Guerre mondiale. Preuve que le maillot jaune était un bon cheval, si l'on peut dire, en parfaite adéquation de couleur ou d'excellence avec la marque. Le beurre Virlux estampillait le maillot de Merckx en 1969. Après il y eut les glaces Miko (« Bonjour, la vanille »), Banania (« La banane, le fruit en maillot jaune », vieux slogan des années 1930 et 1950), et, à partir de 1987, le Crédit Lyonnais. Ce n'est pas un hasard, car cette banque était déjà celle de Maurice Garin, le premier vainqueur du Tour. Oui, adéquation : le maillot jaune, c'est ce qu'il y a de mieux, c'est premium, numéro 1, comme la laine Sofil en 1948, la Suze (1954-1955), Shell (qui avait déjà sa coquille jaune). Et n'oublions pas la bière Champigneulles, qui coulait d'or sur les routes du Tour 1965…

Pour finir, Serge, une dernière pour la route, par exemple une « parole » mémorable de Maillot jaune ?

Celle de l'Allemand Jens Voigt, Maillot jaune d'un jour en 2001, qui a déclaré : « Le maillot jaune, je ne l'aurai porté qu'une journée, mais pour l'éternité. » Et celle-ci, en hommage au maillot jaune des écrivains Jean d'Ormesson, qui écrivait dans *Au plaisir de Dieu* : « Le maillot jaune est une tache de couleur, lumineuse et mobile sur la carte de France rendue si terne et si grise par les départements de la République... »

Il ne faut pas croire qu'un entretien fleuve avec Serge Laget se finisse comme ça. Les jours suivant la rencontre, il vous gratifie par mail de précisions insensées, que seul lui peut connaître, car le bonhomme n'est pas seulement un érudit hypermnésique, il est du genre perfectionniste, à remettre cent fois l'ouvrage sur le métier. Cela donne ce genre d'envois :

Cher Éric,

Quelques petites remarques à propos de cette couleur jaune dans le cyclisme avant 1919. D'abord, quasiment toutes les draisiennes de 1818-1820 étaient jaunes. Ensuite, dans le cyclisme sur piste, les 24 heures avec entraîneur – le Bol d'or – étaient récompensées par un superbe vase doré. Par ailleurs, au vélodrome Buffalo dont il était le patron, Paul Bernard, futur Tristan, avait instauré pour les sprinters un brassard-rente distinguant le meilleur. Détail essentiel : jaune, le brassard, jaune ! Enfin, à propos des épisodes anciens avec trois maillots jaunes au départ d'une même étape, il serait important de rajouter que, en 1930, si André Leducq décrocha le maillot jaune que l'on sait chez les As, Benoît Faure, lauréat des touristes-routiers (la 2e catégorie), arborait, quant à lui, un second maillot distinctif : également jaune, mais à bandes noires…

C'est très peu connu…

De même, Georges Abran, un des bras droits du patron du Tour Henri Desgrange, tenait le drapeau jaune de *L'Auto* au départ des étapes.

Autre détail en passant : les maillots de soie étaient réservés aux pistards, ceux de laine aux routiers… Et le règlement était assez strict sur les maillots, surtout au moment des équipes nationales, à partir de 1930 : les coureurs devaient se servir uniquement du matériel fourni par l'organisateur. Dans ces fournitures bien sûr, pas de maillot en soie… Vietto dans le contre-la-montre de 1947 et Kübler dans celui de 1950 encoururent ainsi des sanctions... Le premier a avoir tenté le diable de soie semble être Sylvère Maes en 36...

Enfin, pour que le maillot jaune ne s'efface pas complètement en temps de guerre, Jacques Goddet et *L'Auto* décernaient un maillot jaune au leader de courses classiques.

Cher Éric,

Oui, je voulais vous dire qu'il serait plus juste de préciser concernant la naissance du maillot jaune, qu'à ce moment-là (Tour 1919) les maillots du Consortium « La Sportive » étaient très gris ou à dominante grise. D'où un peloton « grisailleux », comme la France d'alors...

Vous l'aurez compris, avec Serge Laget, la fièvre jaune n'est jamais loin mais le pire, c'est qu'on n'a pas envie d'en guérir !

5

Vietto le héros

Ces évocations des grandes heures du Tour m'ont rafraîchi la mémoire et redonné les souvenirs que je n'ai pas, ou seulement par bribes, fruits de lectures et de conversations hachées tiens, sur le vélo, quand le train n'est pas trop élevé et qu'on peut parler sans s'essouffler. Je n'ai jamais connu René Vietto mais j'ai connu Louis Nucéra qui vouait à l'ancien groom du Majestic de Cannes un véritable culte. Louis, nous avions pédalé ensemble dans les années 2000, une sacrée partie de manivelle pour les besoins d'une émission littéraire de Jean-Louis Ezine. C'était un drôle de peloton qui s'était égaillé sur les routes de l'Essonne, du côté de

Pontault-Combault, quelques plumes au vent qui s'appelaient Paul Fournel, Gérard Mordillat, Jean Colombier, José Giovanni et le fringant Louis Nucéra qui racontait des histoires de pauvres et de rois – Vietto avait été les deux – entre deux rictus d'effort et une dent de mieux sur la roue libre pour forcer l'allure. Nous avions quelques motifs, Nucéra et moi, à partager le pain et la selle. Nous étions niçois l'un et l'autre, lui érudit de sa ville, moi inculte pour y être né sans y avoir vécu. Lui, qui avait connu la misère, avait écrit cette phrase : « Ce ne fut pas facile de posséder une bicyclette. Le luxe hésite à frapper à toutes les portes. » Il cultivait l'amitié comme la mère de Vietto les roses et le jasmin. Il avait aimé Brassens et le grand grimpeur cannois qui, malgré ses guiboles aériennes perchées jusqu'au ciel, n'avait jamais pu gagner le Tour, malgré le jaune qu'il porta au total vingt-six jours durant – onze jours en 1939 et quinze en 1947. On imagine les prouesses qu'il aurait accomplies si la guerre n'avait pas interrompu le cours de l'épreuve sept années de suite, mais avec des si… Quant à monter au ciel, c'est Louis Nucéra qui y monta brutalement un mauvais jour de l'an 2000, sur les hauteurs de Nice, quand un chauffard le renversa au milieu d'une nappe de brouillard. Un maillot jaune l'aurait-il sauvé en éblouissant le conducteur ? Avec Louis, disparut la mémoire vivante de Vietto, parti en 1988. Dans *Le Roi René*, l'écrivain-cycliste avait rendu un vibrant hommage à son héros, revivant ce Tour 1934 qui avait fait la popularité de Vietto, faute de l'inscrire sur la plus haute marche de la gloire. C'est une figure sacrificielle qui va émerger, procurant à un peuple entier son lot d'émotion et d'empathie.

1934. Cette année-là, pour sa première participation au Tour dans l'équipe de France du grand Antonin Magne (mais il a déjà disputé le Giro d'Italie l'année d'avant), le jeune grimpeur de vingt ans est d'abord à la peine. Les routes du Nord dépriment le Méditerranéen. Les crevaisons à répétition l'éloignent de la tête de la course. C'est dans les Alpes qu'il donne sa mesure, à travers le Galibier, les cols d'Allos et de Vars. Il remporte une, deux, trois étapes, la troisième chez lui, à Cannes. Le maillot jaune est solidement installé sur les épaules de « Tonin », le crack Antonin Magne, alors que se profilent les Pyrénées. C'est dans la quinzième étape du Tour et dans la suivante que se scelle une légende en deux temps et quelques sanglots, l'image d'un homme seul sur un muret, un homme si jeune qu'on croirait un enfant, un homme qui pleure à chaudes larmes son espoir envolé, le regard perdu, le cheveu dru, sa bécane désossée, plus bonne à rien. Que s'est-il passé ? Un de ces drames qui font parfois de l'aventure cycliste une tragédie. Vietto n'est pas tombé. Il n'a pas essuyé de défaillance, de ces coups de fringale qui font les jambes de coton et, de la route, un long calvaire. Non. Le néophyte s'est juste sacrifié pour son leader Antonin Magne qu'une sévère chute dans le col de Puymorens a mis en danger. Sa roue s'est brutalement brisée. Soudain le maillot jaune du briscard français ne tient plus qu'à un fil. Alors qu'à cela ne tienne. Dans un geste altruiste qui lui fend le cœur et l'âme, Vietto a dévissé sa roue avant et l'a tendue à Magne pour qu'il mène la chasse derrière l'Italien Martano, son second, très dangereux au classement général. Magne se magne, comment dire autrement ? Et sauve sa précieuse tunique grâce à l'abnégation du gamin en pleurs, assis, effondré sur ce muret de pierres sèches, son vélo privé de roue avant, inutile, dans l'attente du dépannage. Comme au bord du précipice. Et ce n'est pas fini. Le lendemain, en pleine descente du Portet-d'Aspet, Magne brise chaîne et rayons. Cette fois il craint pour de bon de voir la victoire s'envoler. Averti des déboires de son leader, alors qu'il caracole devant, Vietto n'écoute que sa conscience. Le voilà qui fait demi-tour pour aller secourir Antonin Magne. Ce n'est plus sa roue qu'il lui donne. C'est son vélo. C'est son cœur battant. Magne repart, se sauve, sauve son maillot. Vietto, lui, sauve l'honneur. Le lendemain, après une chevauchée fantastique dans les cols d'Aubisque et du Tourmalet, il remporte à Pau sa quatrième victoire d'étape, se hissant même au troisième rang de l'épreuve avant de reperdre du temps dans le dernier chrono. À Paris, cinquième du « général », il fera un tour d'honneur avec le vainqueur Antonin Magne, acclamé par le peuple du vélo qui a mesuré l'immense sacrifice de ce champion jusqu'ici inconnu. Plus tard une autre légende s'écrivit, le personnage fantasque qu'était Vietto prétendant qu'on lui avait forcé la main pour qu'il joue les domestiques de Magne. Vérité ? Réécriture ? Galéjade ? Laissons la légende à sa place. Aragon pensait qu'entre deux interprétations d'un événement, il valait mieux choisir la plus généreuse. Généreux, le roi René l'avait été. Et gardons l'image la plus forte de ce Maillot jaune des cœurs qui fut un grimpeur d'exception, l'un des plus grands de l'Histoire. « Vietto, c'est le premier à avoir tutoyé le vélo », disait de lui Fausto Coppi. Un champion populaire dont la foule criait le nom comme un mantra.

6

Les ailes de maître Jacques

La première fois que je l'ai vu, c'était au soir d'un critérium d'après Tour de France à La Rochelle, avec son copain Titi Favreau, l'organisateur-gouailleur-fêtard des agapes cyclistes de ma vieille ville quand les vedettes de la Grande Boucle venaient montrer de près maillots et mollets sur les vélodromes régionaux. Anquetil n'était plus coureur depuis un bail mais il gardait cette prestance de seigneur. J'avais aperçu sa silhouette encore athlétique, sa chevelure moins blonde que son maillot d'antan, comme il sortait du bar André, le grand restaurant du Vieux Port où les fines gueules faisaient bombance de poissons et de fruits de mer arrosés de blanc sec sous l'œil du patron Jacques Bourdin. Huîtres et coquillages. L'océan sur grand plateau. Quand les stars descendaient à La Rochelle, c'est sa porte qu'elles poussaient. On y voyait derrière le comptoir les photos cornées en noir et blanc de Bourvil, d'Orson Welles – qui donna le départ du Tour en 1950 – ou de Robert Mitchum, des coupes étincelantes remportées par les rugbymen du Stade rochelais, d'autres trophées magiques encore. Mais ce qui me ravissait quand je passais devant le bar, pour peu que la porte fût ouverte, c'était de découvrir les authentiques maillots de champions signés de leur main, le maillot Bic d'Ocaña – on était en 1973 – et un, clou du spectacle, un maillot jaune de Jacques Anquetil signé à l'encre noire. Un maillot flamboyant, intact, comme si le temps son grand allié n'avait pas passé sur l'étoffe du plus grand rouleur de tous les temps. S'il exista un maître des horloges, des aiguilles, des secondes et des dixièmes ou centièmes de seconde, ce fut lui, le grand Jacques. Cinq Tours de France victorieux, une popularité qui se fit attendre tant il semblait froid et calculateur en comparaison de son éternel malheureux et malchanceux adversaire Raymond Poulidor dont les épaules téflon jamais ne retinrent le maillot jaune.

C'est mon entraîneur de l'époque, Dédé Baubry, un vieux de la vieille qui avait écumé tous les vélodromes du coin et avait couru avec Bobet, qui me parla le premier du grand blond. C'était pendant le Tour de France 1962. Anquetil était le leader de l'équipe Saint-Raphaël-Helyett dirigée par son ancien coéquipier Geminiani. Des doutes planaient sur l'état de forme du Normand. Déjà vainqueur de l'épreuve en 1957 et en 1961, réussirait-il la passe de trois ? Ses coéquipiers en doutaient un peu jusqu'à cette étape contre la montre entre Luçon et La Rochelle, dont l'arrivée était jugée sur le vélodrome où je m'entraînais chaque mercredi soir après l'école, transportant sur une épaule mon vélo de piste, tandis que de la main gauche je serrais le guidon de mon vélo de route… Anquetil avait roulé sur la même ligne droite que moi ? Vraiment ? Le récit de mon entraîneur m'avait fasciné. Il m'avait raconté comment ce 1er juillet 1962, repoussant loin derrière les Ercole Baldini, Rudi Altig et Rik Van Looy, il avait traversé comme une fusée nos routes familières balayées par le vent, du côté de Puyravault, de Charron, de Villedoux, avant de surgir en boulet de canon sur le ciment du stade vélodrome Maurice Delaunay, oui mon p'tit gars, notre piste où tu uses tes boyaux le mercredi. J'en étais tout chose de réaliser que les lieux de cet exploit anquetilien étaient notre théâtre de jeu, notre jardin d'enfants. Le pressant de questions, mon entraîneur, vieille gloire régionale du sprint et de l'américaine, s'était fendu de quelques détails sur la tête des chronométreurs qui n'en revenaient pas. Leurs aiguilles étaient-elles devenues folles ? Trottaient-elles moins vite quand ce diable jaune s'arc-boutait sur sa bécane ? Anquetil pulvérisait le temps. Les coudes enfoncés vers le sol, les bras légèrement écartés, en équilibre parfait sur sa machine qui n'était qu'une extension métallique de son corps, le regard fixe, concentré sur sa roue avant, il avait hypnotisé une foule de 300000 spectateurs formant une longue haie d'arbustes humains à 47,718 km/h pour couvrir les 43 kilomètres du parcours. Plus vite que le record de l'heure de l'époque. Était-ce un mirage, un miracle ? Anquetil touchait-il encore terre ou l'ange blond s'était-il définitivement senti pousser des ailes ? J'ai depuis visionné plus d'une fois les images de l'INA montrant le crack normand sur son orbite, creusant l'air, se jouant du vent et du bitume râpeux comme langue de chat. Nul mieux que ce Grand Fusil de Geminiani ne décrivit son ami et son maître Jacques en trois mots : « Anquetil, affirmait Gem, c'est un réacteur, une machine IBM et un alambic », allusion à sa capacité à transformer le champagne en carburant…

Le vélo est à l'évidence une machine à remonter le temps. Il nous ramène vers les berges de l'enfance chaque fois qu'on l'enfourche. Le vélo est aussi une machine à raccourcir le temps. Faire qu'une heure dure moins d'une heure, et une minute moins de soixante secondes. Jacques Anquetil fut le premier à nous enseigner cet art de l'ellipse sur deux roues. L'écrivain cycliste Paul Fournel a résumé l'affaire à merveille par cette fulgurante formule : « Anquetil pédalait blond. » Il avait le coup de pédale laconique, la victoire en peu de mots. Maître Jacques tordait le temps à sa volonté, démontrant à chaque épreuve de vérité qu'il n'était en rien un être temporel. C'est Raymond Poulidor qui, trois jours avant l'arrivée du Tour 1962, fut témoin de cette apparition surnaturelle. Il l'a racontée en toute simplicité, avec sa modestie coutumière, utilisant le présent comme si rien des exploits du futur quintuple vainqueur du Tour ne pouvait se conjuguer au passé : « Il y a un contre-la-montre qui se termine à Lyon. Planckaert porte le maillot jaune. Anquetil est deuxième, moi troisième. Jacques me rejoint à 20 kilomètres de l'arrivée. Là, mon directeur sportif Antonin Magne me klaxonne : “Garez-vous Raymond, admirez la caravelle qui passe.” Je l’ai regardé : il glissait sur la route. » Une flamme qui n’en finit pas de briller dans l’histoire du cyclisme. Anquetil se voulait furtif. Il est éternel.

J’avais quinze ans quand le hasard des courses de cadets me fit courir à Luçon, qu’en bon Rochelais je connaissais comme l’ancien évêché du cardinal de Richelieu, l’affameur de huguenots. Mon père m’emmenait en voiture, prenait soin de mon matériel, me dispensait ses encouragements, plus ou moins mesurés selon que je me montrais offensif ou trop timoré à son goût. Que je gagne ou que je perde n’était pas l’essentiel à ses yeux. Il ne croyait qu’à l’attaque, au panache. Peu lui importait que tout le monde me double au final, si j’avais combattu jusqu’au bout de mes forces. Mais si je m’étais prélassé dans le peloton (il en avait de bonnes, souvent c’est que j’étais à bloc !), il me menaçait depuis le bord de la route de rentrer à vélo à la maison, souvent distante d’une centaine de bornes… Ce jour-là je ne sentais pas les pédales. J’étais saignant et je démarrais à tout-va. C’était un bel après-midi d’avril, le soleil brillait sans chauffer, un petit soleil de fin d’hiver qui ne fait pas pleurer les yeux quand on se risque à le regarder.

Je raflais les primes offertes par les commerçants du cru – un rôti de porc, trente francs – lors des sprints à travers les rues serpentines du centre-ville. Sans parvenir à me dégager d'un peloton qui me collait aux basques. Je tentai le tout pour le tout dans les derniers kilomètres mais le champion local, qui me dépassait bien d'une tête, m'ajusta sans discussion à l'arrivée. J'avais pris la troisième place sans trop de déception, rassuré sur ma forme du moment, cette forme capricieuse dont on ne sait jamais, quand on la tient, comment la conserver d'un dimanche à l'autre...

C'est là que je me souvins de l'étape mythique Luçon-La Rochelle survolée par Anquetil en 1962. Sans que mon père me dise rien, je proposai de regagner chez nous à vélo. De rouler les 43 kilomètres de bitume qui gardaient comme un tapis à jamais déroulé la gloire de Jacques Anquetil. « On ira jusqu'au vélodrome », criai-je à mon paternel qui se demandait si j'avais mangé du lion mais ne posa aucune question. Mon entraîneur m'avait dit que pour gagner des courses, il ne fallait pas hésiter parfois à rallonger la sauce de cinquante bornes si on avait encore du jus dans les pattes après les compètes. J'en avais. Ce dimanche d'avril, dans le soleil finissant, je me lançai sur les interminables lignes droites qui reliaient la Vendée à la Charente-Maritime, qui me reliaient surtout, à travers les fils emmêlés de la mémoire et du temps, au superchampion normand. À quinze ans on se fait encore des films. Et quand mon ombre me dépassait par la gauche, effilée comme une lame, j'avais la sensation que c'était Anquetil lui-même qui me déposait là avec la cruauté silencieuse – n'était le vent sifflant dans mes oreilles – qu'il avait manifestée envers le pauvre Poulidor parti trois minutes avant lui et crucifié sur place. Face aux bourrasques, j'essayais d'aplatir mon dos au maximum, de pénétrer l'air sans lui donner prise. J'essayais tout simplement d'être Anquetil le 1er juillet 1962. Quand ma chevauchée prit fin sur le vélodrome Maurice-Delaunay, je restai à récupérer pendants quelques tours, seul, essoufflé, cœur battant, la sueur jaillissant soudain de mes tempes comme d'une source souterraine, et trempant mon maillot. Je n'étais pas en jaune mais c'était tout comme. Pendant près d'une heure et demie j'avais été Anquetil. Je revois le visage de mon père radieux et un rien surpris, se demandant sans doute ce qui se jouait dans la tête de son fils qui avait joué les prolongations. J'étais dans un rêve et prenais soin de ne pas l'interrompre par une parole. C'est en silence qu'on était rentrés à la maison. Ma mère nous attendait inquiète, il faisait presque nuit, on n'avait pas prévenu, c'était un temps de bien avant les portables Le dimanche suivant, je remportai la course d'Étaules, et celui d'après le prix de Saint-Symphorien dans les Deux-Sèvres. J'avais été à bonne école, entre Luçon et La Rochelle.

Chaque fois que je retourne dans ma ville d'adoption, je remonte la rue Saint-Jean du Pérot où le bar André a des allures de train de luxe à quai avec son décor extérieur de wagons vert bouteille façon Orient Express. Mon regard s'attarde derrière le comptoir et ses accastillages. Les coupes de rugby ont disparu. Les trophées, les photos de Bourvil, le maillot d'Anquetil. Il ne reste plus rien. Mais moi je les vois toujours à cet endroit. Le temps a passé, pas le souvenir du Grand Jacques, une flèche d'or dans la nuit.

7

Il manque, Hinault

C'est une émotion particulière la première fois qu'on rencontre « en chair et en os » un de ces personnages qui compta parmi les héros de notre jeunesse. Parfois le contact ne tient pas ses promesses, non pas à cause de la personne, mais à cause du contexte. Puis un jour tout devient raccord. On a devant soi « son héros » dans les circonstances qu'on espérait secrètement sans pour autant les forcer. Ainsi en est-il de ma relation avec Bernard Hinault que son caractère, mauvais sans doute quand on le cherchait, avait fait surnommer le Blaireau. La première fois que je vis le Breton pour de bon, « en vrai », disait-on dans mon enfance, c'était pour une enquête que *Le Monde* consacrait alors à Bernard Tapie. On était à la fin des années 1980, l'homme à la pile Wonder dans le dos avait constitué son équipe cycliste au nom qui sonnait bizarrement dans l'univers du vélo : La Vie Claire. Spécialiste du redressement des entreprises en difficulté, il avait « repris » Hinault dont on ne donnait plus très cher au box-office après ses graves problèmes de genou et la sévère défaite que lui avait infligée son ancien coéquipier Laurent Fignon dans le Tour 1984. Tapie croyait en Hinault et il avait raison. Il avait contribué à le remettre en selle, à lui redonner confiance, constituant autour de lui un groupe uni, avec l'Américain Greg LeMond qui deviendrait le premier – et finalement le seul à ce jour – vainqueur du maillot jaune, puisque Lance Armstrong fut rayé des tablettes de ses sept victoires consécutives et Floyd Landis aussi en 2006. Bernard Tapie avait aussi révolutionné l'économie du sport cycliste en versant des salaires aux champions sans commune mesure avec les tarifs pratiqués avant. Si ce n'étaient pas les chiffres circulant à l'OM, c'étaient tout de même des sommes coquettes ! On parlait à l'époque de trois millions de francs par an pour Hinault, et du double pour Greg LeMond… Quand je le rencontrai pour un entretien, c'était dans le cadre d'un salon de la porte de Versailles, un lieu anonyme et bruyant, où le Blaireau, sur ses gardes, répondit aux questions du journaliste économique que j'étais. C'est seulement quand je lançai l'aventure du Tour de fête, un Tour de France avec des jeunes chaque étape précédant d'un jour celle du Tour 2013 (voir pages 137 et 143) que les astres s'alignèrent. Il avait fallu attendre plus de vingt ans ! Hinault était heureux de cette initiative qui allait permettre à une vingtaine de gamins de se dépasser sur un vélo. La veille du départ, à Porto-Vecchio, sous un ciel constellé d'étoiles et de feux d'artifice célébrant la centième édition de la Grande Boucle, je vis venir sur moi les deux Bernard, Thévenet et Hinault, tout de jaune, non, de bleu vêtus ! Le bleu ciel de l'organisation du Tour de France à laquelle ils appartenaient. Informé de mon projet, Hinault le coursier, le guerrier, la terreur des pelotons, avait eu ces paroles d'une grande sagesse : « Tes gars, avait-il dit (il y avait aussi six filles sacrément véloces et endurantes), tes gars, tu dois les tempérer. Le Tour, c'est long, et si vous en faites craquer en route, ça gâchera votre fête. Tout le monde doit arriver à Paris grâce à l'entraide entre les plus costauds et les plus faibles. Dis-leur ça. Vous seriez trop tristes même s'il n'en manquait qu'un seul aux

Champs-Élysées ! Après, tes jeunes, toute leur vie ils se souviendront qu'ils ont pu finir le Tour. Tu leur donneras un passeport de confiance. » Il ne savait pas combien sa parole porterait lorsque je la retransmis à ma fougueuse petite bande. Et trois semaines après, sur la ligne d'arrivée, malgré les coups de mou et les cols durs, malgré l'indigestion de kilomètres, les heures de selle interminables, pas un, pas une, ne manquait à l'appel.

Deux ans plus tard, devenu commentateur, je retrouvai les deux Bernard, toujours incrédule de les entendre me saluer gentiment par mon prénom, comme si c'était normal... Loin d'en tirer la moindre vanité, je puisais en revanche dans ces gestes simples et amicaux la sensation que j'étais chez moi, dans ma famille, et que, à leurs yeux, il n'y avait pas de différence entre le petit coureur que j'avais été et eux, les champions, mes éternels Maillots jaunes. En 2016, Bernard Hinault boucla son dernier Tour, non pas comme coureur mais comme ambassadeur de marque du Tour, prenant en charge les personnalités invitées pour une journée dans ce tourbillon et tendant la précieuse tunique de leader au héros du moment. Ce départ m'affecta plus que de raison. Hinault quittait le Tour et le Tour était dépeuplé. Non pas que l'ancien champion pédalât encore pour la gagne. Mais sa présence quotidienne aux abords du podium « maillot jaune », pour remettre en toute simplicité la précieuse tunique au leader de la Grande Boucle, était comme une borne témoin. La survivance d'une autre époque incarnée à merveille par le quintuple vainqueur taillé des mollets aux mâchoires dans le granit breton. Comme je l'avais admiré, Hinault le Blaireau !

Je me souviens comme si c'était hier de sa première victoire dans le Dauphiné, en 1977, qui annonçait déjà ses Tours victorieux. Dans une descente vertigineuse, il avait basculé dans le vide. L'écran de télévision s'était soudain rempli d'une inquiétante absence. Au bout de quelques secondes, il avait enfin reparu. Le front ensanglanté, il avait tendu une main, on l'avait remonté. Il s'était remis en selle avant de filer vers une arrivée dans la douleur mais triomphante. C'était la première fois qu'un Maillot jaune disparaissait sous mes yeux. Pas encore celui du Tour de France, ça n'allait pas tarder.

L'image me revient aussi d'un Liège-Bastogne-Liège qu'il remporta sous la neige, en 1980, les doigts gelés mais le coup de pédale féroce, après avoir éparpillé les uns après les autres tous les « Flahutes », ces Belges durs au mal et soudain malmenés par ce jeune Français qui n'avait pas froid aux yeux. Hinault était unique. Par son panache, sa hargne, sa combativité, sa façon de serrer les dents sans se plaindre. S'il faisait rêver, lui ne rêvait pas. Pour gagner, il attaquait. Attaquait encore. C'était son credo, son sacerdoce. Sur un vélo, il n'y avait pas trop de place pour les sentiments. Au jeu du plus fort, il était le meilleur. Sa puissance était exceptionnelle. Il pouvait soulever des montagnes, tout au moins les renverser à la force du jarret.

Mais plus forte que ses muscles, il y avait sa volonté. Ses jambes obéissaient à sa tête, et sa tête était des plus têtues. Il fallait vraiment que le corps crie pitié – comme ce genou réfractaire qui lui fit quitter le Tour 1980 à Pau, le maillot jaune sur les épaules, la mort dans l'âme – pour qu'Hinault lève le pied. Sinon, c'était marche ou crève, ou plutôt roule jusqu'au bout de tes forces. Au courage. Au moral. Même dominé par plus jeune que lui, Laurent Fignon en 1984 ou Greg LeMond en 1986, il vendait cher sa peau, donnant plus de valeur encore à la victoire de ses adversaires. Jamais il ne fut un second au rabais, résigné ou fataliste. Tant qu'il avait du jus, il repartait au combat, digne héritier du Cannibale Eddy Merckx.

Avec Bernard Hinault, le spectacle était garanti, avec son lot d'imprévus, de surprises, de coups de poker pour jouer le tout pour le Tour. Champion sans oreillette, champion sans lunettes, il obéissait à son instinct et fixait les sommets les yeux grands ouverts. Jamais il n'aurait supporté une injonction soufflée par un directeur sportif assis dans sa voiture. La course, c'est lui qui la sentait, qui la vivait, qui la voyait. Il savait où porter ses estocades et n'avait pas besoin d'un mot d'ordre pour automate.

Quant aux lunettes à verres opaques portées aujourd'hui par tous les coureurs, elles nous auraient privés du meilleur d'Hinault : son regard. Cette expression rageuse, volontaire, déterminée à faire peur. Le regard noir du Blaireau. Oui, décidément, celui qui rentrait chez lui au soir de ce Tour 2016 était unique. Et c'est sa singularité qui nous manque depuis longtemps – disons depuis les années Indurain –, alors que menacent toujours davantage la banalisation, l'uniformité, la fin de l'aventure.

8

Fignon pour l'éternité

Je ne peux écrire le nom de Laurent Fignon sans un creux au ventre. Son maillot jaune fut d'abord un maillot jeune, et d'abord celui de ma jeunesse. Nous nous sommes un peu connus à la fin de sa vie injustement raccourcie par la maladie, lui qui en savait long sur l'effort et le dépassement de soi. Nous avions le même âge, lui du 12 août, moi du 26 août 1960. Je me souviens avec une précision troublante de sa première victoire dans le Tour 1983. À presque vingt-trois ans, pour sa première participation. Je n'imaginais pas qu'un champion surgi de nulle part puisse s'imposer d'emblée avec une telle insolence. Cette année-là, ayant définitivement abandonné mes rêves de gloire cycliste, j'avais obtenu en consolation le diplôme de Sciences-Po. À peine les résultats connus, début juillet, je m'étais installé pour les vacances dans un village de la Creuse. Et chaque matin, à la fraîche, je renouais avec un coup de pédale un brin rouillé sans rien rater, l'après-midi, de l'étape du Tour. Je ne poussais plus mes petits coureurs de métal sur un carrelage brillant, mais ce champion né à Paris ne laissait pas de m'intriguer. On l'appelait l'intello du peloton, tout ça parce qu'il avait décroché le baccalauréat, ce qui en disait long sur le regard porté sur les coureurs cyclistes. J'avais d'abord souffert pour un autre Français Maillot jaune, Pascal Simon, que la fracture de son omoplate avait fait souffrir le martyre. Je revivais une décennie plus tard l'injustice faite par le sort à Ocaña. Après une semaine de calvaire, malgré les soins du Dr Gérard Porte et une volonté de fer, le Maillot jaune avait mis pied à terre, vaincu par une douleur plus grande que lui. Et c'est sur les épaules de ce coureur à la chevelure blond paillé comme dans la publicité pour Belle des Champs que la précieuse tunique était tombée. Cet événement, je pèse le mot, je le vécus avec enthousiasme et avec douleur. L'enthousiasme allait de soi. Qu'un néopro, comme on appelait les jeunes professionnels, fasse la nique aux briscards et joue les outsiders, c'était réjouissant, rafraîchissant même, après les victoires à répétition de Bernard Hinault, absent cette année-là. On se demandait bien qui, du maître ou de l'élève, membres l'un et l'autre de la « bande à Guimard », aurait emporté le morceau. Il faudrait attendre l'année suivante pour le savoir, et la surprise ne fut pas mince. Mais restons sur cette année 1983. Si je soutenais Fignon, sa victoire annoncée me renvoyait de moi une image en demi-teinte. Il me semblait que, tout diplômé de Sciences-Po que j'étais, j'avais raté ma vie. Que, à bientôt vingt-trois ans, un coureur de mon âge faisait des étincelles du côté de Morzine et qu'il allait bientôt débouler sur les Champs-Élysées illuminé de jaune, alors que mon téléphone ne sonnerait jamais pour me presser de courir le Tour. La roue tournait, pas dans le sens de mes rêves. Que n'aurais-je donné pour porter, même une journée, ce graal aux allures de flamme, cette tache de lumière qui expédiait ses porteurs dans le gotha du sport... Je savais bien que ce destin-là m'était à jamais interdit, mais la victoire du champion de l'équipe Renault me le signifiait cruellement, un poing sur le i du maillot, le seul qui vaille, jaune, rien ne va plus... Le décontracté de Fignon dans ses apparitions télévisées apportait aussi un air nouveau. Il riait facilement, paraissait plein d'humour et d'autodérision – la suite montrerait aussi sa férocité si un journaliste le rudoyait par ses questions. Il avait un style à lui. Sur un vélo, le blond prenait un autre sens. Fignon rimait avec lion. Il attaquait comme un lion, mordait comme un lion, régnait comme un lion sur les épreuves qu'il survolait de sa crinière dorée. Sa carrière s'enrichit de magnifiques victoires dans le Giro d'Italie et dans Milan-San Remo, dans la Flèche wallonne et dans le championnat de France qui enveloppa son torse de tricolore. En 1983, il l'avait emporté dans le Tour sur des « clients » tels le chamois certes vieillissant Lucien Van Impe (encore un Maillot jaune victorieux de la bande à Guimard en 1976) ou le robuste Irlandais Sean Kelly. L'année suivante, le « patron » Hinault revenait pour décrocher une cinquième victoire dans la Grande Boucle, et c'est Fignon qui se mit en travers de sa route, le Breton ayant, de son côté, rejoint l'équipe La Vie Claire. On ne sait quelles métaphores iraient bien à ce deuxième événement que fut la deuxième victoire de Fignon dans le Tour, Hinault devant se contenter de la deuxième place, tandis que, pour la première fois, en la personne de Greg LeMond, futur triple vainqueur de l'épreuve, un Américain montait sur le podium, se hissant sur la troisième marche. Était-ce la victoire de Fignon David sur Hinault Goliath ? Ou Brutus qui aurait trahi César ? Non, pas de trahison dans ce succès, mais un brin de dérision : la façon dont Fignon domina la fin du Tour, toujours dans son jardin des Alpes où tout lui réussissait, du côté de l'Alpe d'Huez, de Crans-Montana et de Morzine. On respira le parfum d'un crime de lèse-majesté quand, interrogé à propos d'une vaine mais brave attaque de Bernard Hinault dans la fameuse côte de Laffrey, le 16 juillet, Laurent eut ces mots : « Il m'a fait rigoler. » Celui qui aimait parfois, quand on lui parlait du Blaireau, répéter : « Qui ça, qui ça ? », feignant de ne pas le connaître, n'hésitait pas à jouer les mauvais garçons face à la statue du Commandeur breton. « Quand j'ai passé Hinault, je n'ai pas eu l'impression qu'il s'agissait d'un tournant du cyclisme », persista le cruel Maillot jaune, tout sourires, exhibant ses dents de lion... Hinault ne se formalisa pas, adepte de la revanche en plat froid. L'année suivante, il inscrivit un cinquième Tour à son palmarès, tandis que son jeune adversaire – signe du destin ? – devait renoncer à s'aligner au départ, blessé au tendon d'Achille. Mythes et tragédie grecque ne sont jamais loin des Géants de la route. Mais Fignon avait déjà marqué l'Histoire autant que les esprits. Avant lui, seuls Coppi, Anquetil, Merckx et Hinault avaient accompli pareil exploit.

Rigolait-il ce jour-là, Laurent Fignon, même d'un rire jaune ? Ce 23 juillet 1989, année de commémoration du bicentenaire de la Révolution française. Lui ne rêve que de vélorution. Sa vélorution à lui tient à ce mot d'ordre : rafler une troisième victoire dans le Tour. Il n'est plus le sale gosse insouciant de ses années triomphantes. La chevelure reste toujours aussi blonde mais moins généreuse, et tirée en arrière par un catogan façon Marlon Brando-Monsieur Christian dans *Les Révoltés du Bounty*. Révolté, Fignon l'est. C'est son moteur, l'esprit de révolte, le goût du risque pour déboulonner les positions acquises. Le 14 juillet, jour de fête nationale, tout va bien encore. De jaune vêtu depuis Superbagnères, il a eu un « coup de moins bien » au point de céder son paletot à Greg LeMond à Orcières Merlette, haut lieu de la mémoire du Tour depuis le coup de force d'Ocaña en 1971. Mais, dans l'Alpe d'Huez, bien qu'en partie cramé, Fignon a trouvé la ressource pour distancer un LeMond encore plus défaillant, exhorté à l'attaque par ce diable visionnaire de Guimard. À la veille de l'arrivée à Paris et du triomphe annoncé après des années difficiles, l'aile sombre du destin frôle Laurent. Comme s'il avait dû payer cash ses insolences, ses turbulences, ses façons et son humour de bad boy irrespectueux des règles établies. L'éternité de la victoire lui sera volée pour huit secondes. Huit minuscules secondes, une petite ligne droite au bout de 3 285 kilomètres, moins de cent mètres, le plus faible écart entre un vainqueur et son second dans l'histoire du Tour. Un tronçon de pavés dérisoire à l'ombre froide de l'Arc de triomphe, tombeau du rêve pour un ange déchu.

Ce jour-là, je sais exactement où je me trouvais quand j'appris ce désastre. J'avais voyagé en train de La Rochelle à Paris. Il n'existait ni portable ni réseaux sociaux. Je ne savais pas qui avait remporté la dernière étape sur les Champs, mais je ne doutais pas une seconde, ni deux, ni huit, que le leader de l'équipe Super U – ses couleurs en 1989 – s'était imposé pour la troisième fois, rejoignant Bobet ou Philippe Thys dans ce club très restreint. C'est à la station du RER Charles-de-Gaulle-Étoile, sous les Champs-Élysées, que mes yeux s'arrêtèrent sur un tableau noir installé près de la billetterie, comme si l'ardoisier du Tour l'avait laissé là pour dire son désarroi aux passagers incrédules. Une écriture à la craie, à l'ancienne, indiquait Greg LeMond vainqueur, Laurent Fignon deuxième à 8 secondes. J'étais si stupéfait que je crus à une erreur. C'était une mauvaise blague. Mais non, ces chiffres froids, incroyables, disaient la froide et incroyable vérité. Fignon avait perdu le Tour. Pour huit secondes. J'ai depuis tant de fois revu les images, entendu les commentaires en direct de Robert Chapatte et de Jean-Paul Ollivier, revécu le ventre serré le terrible décompte des secondes, encore trois secondes et Laurent Fignon perd son maillot jaune, encore deux secondes et LeMond l'emporte, encore une seconde et Laurent perd le Tour de France.

Il avait le souffle coupé, Laurent. Le ciel bleu de juillet venait de lui tomber sur la tête, et en prime les blocs de pierre de l'Arc de triomphe. Il resta digne. Non, il ne rigolait pas, ce 23 juillet 1989, et moi non plus. Le visage qu'il offrit sur le podium, dominé par un Greg LeMond radieux, en dit plus que tous les mots du dictionnaire des émotions. Le Maillot jaune n'a pas été battu. Il a été abattu. Et toute la suite de sa carrière sera marquée par ce souvenir funeste. Ce fut sa croix, son calvaire. Il n'était plus le jeune prodige qui avait remporté deux Tours de

France. Il serait à jamais ce malheureux champion qui avait perdu le Tour pour une poignée de secondes. Je me suis souvent demandé, quand la maladie vint le provoquer en duel, des années plus tard, s'il avait converti le temps qui lui restait à vivre en séquences de huit secondes pour trouver la force de se battre, de repousser ses limites, de renaître à la vie.

Depuis l'étape d'Aix-les-Bains, Fignon souffrait d'une blessure à la selle, comme on dit pudiquement dans le monde du vélo pour désigner une vive irritation à l'entrejambe due en général à un frottement trop appuyé du cuissard à hauteur de la selle. Une blessure qui avait fait souffrir Louison Bobet au-delà de l'imaginable dans son dernier Tour victorieux, en 1955. Le porteur du maillot arc-en-ciel de champion du monde en avait vu de toutes les couleurs, même paré de jaune, et avait dû subir une opération en urgence, sitôt arrivé à Paris. Souffrant le calvaire à cause de furoncles fessiers, il n'avait pu se soulager qu'en glissant chaque jour une escalope de veau dans son cuissard pour atténuer la douleur. Une autre époque... La veille de l'arrivée à Paris, Fignon espérait conserver une partie de son capital – cinquante secondes d'avance – à l'issue des 24 kilomètres et demi du dernier chrono entre Versailles et Paris. Ne pas perdre plus de deux secondes au kilomètre, la partie était jouable. À condition que le Maillot jaune en sursis parvienne à pédaler avec ses deux jambes. Or, dès qu'il s'élança, quelque chose clocha. Il n'était pas en ligne sur sa bécane. Les jambes ne tombaient pas droit le long du cadre, la puissance n'était pas à l'optimum, ça tournait carré quand LeMond, de son côté, pédalait rond et fort. Il faut dire qu'avec son guidon de triathlète qui offrait un appui supplémentaire à ses avant-bras dans une posture d'aérodynamisme parfait accentuée par son casque profilé, l'Américain ressemblait à un martien. Le nouveau monde marquait le Tour de son empreinte, rejetant un Maillot jaune diminué vers le monde ancien. On ne mesurait pas combien ces huit secondes allaient creuser le temps entre hier et le lendemain. Ce Tour-là fut le dernier vrai Tour de France, avant les années Indurain qui annonçaient les années Armstrong, les années EPO comme des années d'or changé en plomb, où le jaune devint la couleur de la triche industrielle, du grand cocufiage.

Ce guidon de triathlète, LeMond n'était pas vraiment autorisé à l'utiliser. Mais nul ne lui avait interdit d'en équiper sa machine de guerre. On n'épiloguera pas sur le fait de savoir si, sans cette innovation technologique, Fignon aurait rejoint Bobet dans une brillante triplette. Le Français ne voulait pas s'équiper d'un matériel qu'il connaissait mal, qui lui permit pourtant, quelques mois plus tard, de remporter le Grand Prix des Nations à la vitesse d'une fusée.

La vie a passé. J'ai repris mon vélo. À quarante ans, pour disputer à ma manière le Midi Libre, une épreuve professionnelle qu'avaient remportée bien des champions, Merckx, Ocaña, Poulidor ou Thévenet. Chaque jour je partais trois heures avant les coureurs, en compagnie de jeunes espoirs de clubs régionaux. Puis, quand le peloton m'avalait, je m'accrochais jusqu'à l'arrivée avant, chaque soir, d'écrire une pleine page dans *Le Monde* pour raconter la course et les sensations des concurrents. J'avais été pris en charge par Marc Madiot, directeur sportif de la Française des jeux et ancien coéquipier de Fignon et d'Hinault. Le soir, Marc n'était pas le dernier à raconter les deux champions qu'il avait admirés, toujours soufflé, des années après, par l'aplomb de l'élève Laurent face au maître Bernard. C'est à cette époque que nos routes se croisèrent pour la première fois avec Fignon. Le journal *Le Monde* avait hérité de cette course cycliste en rachetant le quotidien éponyme de Montpellier. Nous aurions bien aimé céder l'épreuve à Fignon qui avait racheté Paris-Nice et envisageait de poursuivre dans cette activité d'organisateur. Un contact bref et chaleureux. Mais la deuxième et dernière rencontre, brève aussi, se déroula dans un contexte plus lourd et étrange. Avant un reportage chez Lance Armstrong dans sa maison d'Aspen, dans le Colorado, Michel Drucker m'avait demandé de venir en studio à Paris pour questionner le champion américain sur les soupçons de dopage qui collaient à ses basques. Je m'étais retrouvé face caméra avec celui qui était encore officiellement septuple vainqueur du Tour, sept victoires consécutives entre 1999 et 2005, avant d'être effacé des tablettes pour tricheries caractérisées. Je me revois pris dans le regard glacé du Texan écoutant ma question : « Lance, si vous arriviez une fois pour toutes à lever cette suspicion, à nous dire : "Non, depuis le début de ma carrière, jamais je ne me suis dopé", le journaliste et le cycliste amateur que je suis seraient très réconfortés, car je pourrais être dans l'admiration sans cette ombre qui vous suit. » Il me fit cette réponse que raconta ainsi Michel Drucker : « Bien entendu, écrivait l'animateur dans *Paris-Match* du 26 juin 2009, je me devais de parler d'un sujet qui fâche : le dopage. À Éric Fottorino, le patron du *Monde*, passionné de vélo et pratiquant, qui l'interroge par mon intermédiaire, il répond : "Comme je l'ai déjà dit, j'ai pris des médicaments durant mes traitements médicaux, pour lutter contre le cancer. Pour gagner le Tour de France, je n'ai jamais rien pris. Laissez-moi dire plusieurs choses. Quelquefois vous voyez un coureur qui arrive de nulle part, qui a du succès et qui disparaît. Pour moi, c'est suspect. Les vrais champions ne sont pas des champions d'un jour. Ma première course, je ne l'ai pas gagnée. J'ai même été dernier ! Deux ans après, au Grand Prix de Zurich, j'étais deuxième. J'ai fait mes preuves. Pendant les sept dernières années, j'ai été contrôlé plus souvent que n'importe qui. Je suis toujours là à trente-sept ans et, cette année, j'ai été contrôlé trente-trois fois... Ça répond à la question, non ?" » En octobre 2012, une fois avérés les fraudes graves et les mensonges du coureur américain, David Pujadas diffusa cette séquence lors du journal de 20 heures de France 2. Le début de la réponse d'Armstrong à ma question résonnait de façon terrible : « Non, jamais, je ne me suis jamais dopé », affirmait-il. J'aurais aimé relancer le Texan, insister, mais une seule question était prévue par Michel Drucker sur ce sujet controversé. Je le regrettais, mais autre chose m'avait troublé. Avant ce duplex avec Aspen, j'avais vu

Laurent Fignon arriver au studio Gabriel. Un Fignon que j'avais reconnu sans le reconnaître tout à fait. Les traits tirés, mauvaise mine. Il venait de publier un livre témoignage sur sa vie de champion, *Nous étions jeunes et insouciants*. Dans quelques minutes, il annoncerait qu'il souffrait d'un cancer. Sa présence ce jour-là, c'était pour un échange avec l'Américain dont la cote de popularité tenait pour une grande partie du public à son combat victorieux contre la maladie. En 2009, Armstrong s'apprêtait à revenir sur le Tour après trois ans d'interruption. « La douleur me manque », avait-il confessé. Mais ce jour-là, il voulait réconforter Fignon dont la maladie était encore inconnue. Dans son témoignage pour *Match*, Drucker revenait sur cet épisode douloureux. « Laurent Fignon – qui, tragédie du destin, vient d'annoncer que, quinze ans après Armstrong, il doit à son tour combattre le cancer – a été le premier Français à le prendre sous son aile ; il ne l'a pas oublié. Au cours de cet entretien exclusif, Armstrong a voulu adresser un message d'encouragement au champion français : "Je me souviens que tu m'as invité chez toi à dîner, avec ton épouse, juste avant qu'on diagnostique mon cancer, en 1996. Et maintenant nous partageons cette maladie. La première chose que tu dois te rappeler, c'est qu'il y a des millions de gens qui pensent à toi, te conservent dans leur cœur et savent que tu vas t'en sortir. Le cyclisme a besoin de toi. Les survivants du cancer ont besoin de toi. Nous te souhaitons le meilleur. Nous t'aimons." »

Je me précipitai sur le livre de Fignon, mon frère de calendrier faute d'avoir été mon frère de route. Son récit sans apitoiement, plein de vie et de fougue, m'avait fasciné. J'en étais ressorti avec la certitude qu'il vaincrait la maladie. Sa mort le 31 août 2010, un mois après avoir commenté son dernier Tour de France d'une voix si faible qu'on souffrait pour lui, fut une blessure. Nous n'étions pas proches, mais j'avais l'impression d'avoir perdu un ami de longue date. Je revoyais le jeune homme blond de vingt-trois ans avec son maillot jaune accordé à sa chevelure, ce jeune conquérant que j'aurais tant voulu être, et puis la vie avait filé. Je n'en avais pas fini avec Laurent Fignon. Lorsque, début 2015, le patron du service des sports de France Télévisions, Daniel Bilalian, me proposa de succéder à Jean-Paul Ollivier au commentaire du Tour, ma première pensée fut pour le champion disparu. Comme si, en m'asseyant dans la cabine des commentateurs aux côtés de Thierry Adam et de Laurent Jalabert, j'allais retrouver un peu du

Maillot jaune qui avait marqué ma jeunesse. Et quand, pendant le direct, un après-midi de juillet où je l'appelais au téléphone, Irène Frain évoqua la mémoire de son ancien élève farceur, à ses débuts de prof de français à Lagny-sur-Marne, l'émotion gagna le studio. Les paroles de l'auteure du *Nabab* nous avaient ramené le gamin effronté qui, sur la fiche de renseignements distribuée aux élèves, à la rubrique « loisirs », avait simplement marqué : « Vélo. » Avant de lui dire peu après que Corneille, Rabelais et Ronsard, « ça le gonflait ». La jeune prof avait encaissé, collant même Fignon quand il tournait le bouton d'un radiateur pour laisser s'échapper à travers la classe jusque sous son bureau un liquide jaune. « Un moment, pensera plus tard Irène Frain, j'ai cru que sa pugnacité foncière allait lui permettre de vaincre la maladie. Mais le crabe était plus hargneux, il l'a coiffé au poteau. Il me reste ces petits éclats de grâce adolescente. Mais j'allais oublier : entre sa classe de seconde et le Tour de France, Laurent était devenu un fan de livres et de littérature… »

9

Ce maillot jaune qui sauva Claude Lelouch

En janvier 2013, je pris cette décision un peu folle de faire le Tour de France à vélo. L'épreuve allait fêter sa centième édition, j'allais sur mes cinquante-trois ans. Puisque, décidément, aucune équipe pro n'avait réclamé mes services jusqu'ici, j'en conclus qu'on n'était jamais si bien servi que par soi-même. Et c'est ainsi que j'entraînai vingt-cinq jeunes gars et filles dans cette aventure unique : courir les 3 500 kilomètres du parcours qui s'élançait de Porto-Vecchio pour rallier Paris après un casse-pattes corse, une longue pédalée jusqu'aux Pyrénées, une pointe ventée en Bretagne avant de redescendre la

France en diagonale puis d'attaquer le Ventoux, d'affronter les Alpes jusqu'au mont Semnoz la veille de l'arrivée sur les Champs-Élysées, le tout après l'Alpe d'Huez, le Glandon, la Madeleine et j'en passe. Rassemblant de jeunes sportifs de toutes régions et de toutes origines, ce périple semé d'embûches – vingt-neuf cols de haute montagne au menu – reçut un soutien chaleureux de nombreux artistes, écrivains (Jean Rouaud, Jean-Christophe Rufin, qui nous rejoignit dans les Alpes sur son vélo), chanteurs (Pierre Barouh, Sanseverino), hommes de cinéma : le secrétaire général du bien nommé Festival de Cannes, Thierry Frémaux (il roula avec nous dans son Lyonnais natal), et Claude Lelouch. Le réalisateur d'*Un homme et une femme* se demanda d'abord pourquoi je l'avais convié à la grande soirée de lancement de ce *Tour de Fête* (ainsi avions-nous baptisé cette folie cycliste en hommage à Antoine Blondin pour qui le Tour de France, c'était « la fête et les jambes »). Complice de l'événement, Jean-Michel Ribes nous accueillit pour une soirée endiablée au théâtre du Rond-Point. Le journaliste Jean-Louis Ezine et moi-même, après un strip-tease nous ayant fait troquer nos costumes contre des cuissards-maillots bien moulants, nous étions retrouvés pédalant de conserve, juchés sur des rouleaux sifflants de home trainer sur le côté de la scène, pendant que nos invités, de Bernard Pivot à Erik Orsenna en passant par Michel Drucker – bien peu de femmes hélas –, égrenaient leurs madeleines cyclistes. Quand Pierre Barouh apparut sur l'air de *À bicyclette*, qu'il chanta d'une voix chaude et vibrante, Claude Lelouch, au premier rang, comprit mieux les raisons de sa présence. Quand il monta à son tour sur scène rejoindre son vieux complice, ému de cette surprise, les yeux brillants, il raconta tout de go qu'il devait sa carrière au maillot jaune. On en resta pantois. C'était pourtant la vérité. « Après l'Idhec, raconta-t-il en substance, j'avais tourné un premier film qui s'était révélé un si grand échec que j'étais ruiné. Je n'avais plus d'argent et j'étais couvert de dettes. À ce moment-là, la télévision m'a demandé de réaliser un court-métrage sur le Tour de France. J'ai aussitôt accepté. Ce film tourné sur le Tour 1965 s'appelait *Pour un maillot jaune*. Il rencontra un tel succès que de nombreuses chaînes étrangères l'achetèrent ! Grâce au maillot jaune, je pus rembourser mes dettes et trouver l'argent dont j'avais besoin pour tourner un autre film. C'est ainsi que j'ai réussi à acheter la pellicule d'*Un homme et une femme*... » Le public du Rond-Point, ce soir-là, applaudit à tout rompre, ébahi par le récit inattendu de Claude Lelouch. À quoi tient la réussite quand on croit que tout est perdu ? L'histoire frappa tant mon esprit que, deux ans plus tard, devenu commentateur du Tour, je proposai de téléphoner à Claude Lelouch en direct, pendant la retransmission de l'étape du jour. Ce ne serait plus les deux cents heureux spectateurs du théâtre de Jean-Michel Ribes qui entendraient parler de cette roue de la Fortune, mais des millions de téléspectateurs. Dans notre dialogue, le réalisateur redit combien le Tour avait été son porte-bonheur. Il en profita pour donner d'autres détails sur cette aventure. Toute l'épreuve, il l'avait suivie à l'arrière d'une moto, souvent sous un dur cagnard. « J'avais passé beaucoup de temps avec les derniers, les attardés, ceux qui abandonnaient et montaient exténués dans la voiture-balai. C'est sans doute une des raisons pour lesquelles comme cinéaste je me suis souvent attaché aux perdants plus qu'aux vainqueurs. » Aveu touchant qui montre à la fois l'humanité et l'inhumanité de ce sport quand il touche au paroxysme de l'effort, de la douleur, de la résistance physique. Et parfois de la malchance. Cette année-là, après avoir tant mis Jacques Anquetil en difficulté – on se souvient du *mano a mano* des deux hommes dans l'ascension du puy de Dôme en 1964 –, la Grande Boucle semblait enfin promise à Poulidor. C'était compter sans sa poisse légendaire qui allait le priver une fois encore d'une victoire à sa portée. C'était compter aussi sans l'apparition d'un jeune champion nommé Felice Gimondi qui rafla la mise pour sa première saison chez les pros, profitant des chutes du coureur limousin pour conquérir sans coup férir un rutilant maillot jaune.

Quant au film de Lelouch, il offre toujours ses vingt-sept minutes de grâce avec des couleurs éclatantes – le maillot Mercier violine à épaulettes jaunes de Poupou (le seul jaune qu'il porta jamais...), le bleu ciel de la Salvarani de Gimondi, le havane et noir de la Molteni qui enrôlera bientôt le prodige Merckx... Un spectacle hors du commun. « Quel spectacle donné par les équipes de ce temps-là, s'enthousiasme Le Vélomane vintage, un blog dédié à la passion cycliste. Le rythme du montage est très rapide – c'est une course ! –, avec alternance de scènes en noir et blanc et en couleurs, bande sonore nerveuse (accordéon, puis commentaires des journalistes, puis klaxons, puis son des roues libres...). Claude Lelouch filme le Tour sous tous les angles : au sein du peloton, dans les chambres – scènes de massage –, au bord de la route – spectateurs – et derrière la course, avec la voiture-balai. Des scènes tragiques d'abandon sont présentes. À cette époque, l'esthétique des coureurs était superbe : chaussures de cuir noir, socquettes blanches, cuissards noirs, maillots simples, casquettes... Hormis Jan Janssen, peu de lunettes de soleil. On reconnaissait facilement les visages des cyclistes. Et les bidons Évian blancs, contenant cette eau "si pure, si légère". »

Un générique d'un genre particulier défile à la fin du film : sous la mention « Dans leurs propres rôles » apparaissent les noms de Frank Alamo, Michel Barbey, Felice Gimondi, Nancy Holloway, Raymond Poulidor et Rik Van Looy, des yé-yé mélangés aux champions, signe de ces noces éternelles du Tour avec le populaire, dans une ambiance bon enfant de kermesse et de grand cirque à ciel ouvert. « Le film montre que le Tour de France est à la fois une épreuve nationale et une grande fête, confiait le réalisateur à Yves Alion et Jean Ollé-Laprune dans *Claude Lelouch mode d'emploi*. Ce qui est magnifique dans le Tour de France, disait-il, c'est qu'il réunit à la fois la notion d'équipe et la réussite individuelle. Même le plus grand coureur ne peut pas gagner le Tour seul, c'est impossible. Son équipe le protège. Un peu comme une vedette de cinéma que l'on va chercher chez elle et que l'on ménage, afin qu'au moment où on dit “moteur”, elle soit à cent pour cent de ses possibilités. Quand le champion arrive au stade de la dernière difficulté de la journée, il doit franchir les ultimes kilomètres sans faillir. C’est de la stratégie, et quelle métaphore ! » Associer vélo et moteur, voilà qui était divinatoire !

Je garde de cette évocation le regard de Lelouch après avoir repris les paroles de Pierre Barouh, ce soir de juin 2013 au Rond-Point : « On se sentait pousser des ailes… Avec Paulette… » Un regard d’enfant à qui on a rendu son jouet. Le vélo de course est un jouet de l’enfance et il dure longtemps. C’est un rêve qui ne casse ni ne vieillit, comme les scènes de ce film de 1965 où les maillots des champions ont des couleurs éternelles de berlingots, la couleur acidulée des étés des sixties.

10

Pantani s'est échappé

Pourquoi me touchait-il à ce point, Marco Pantani ? Marco le Pirate, bandana et piercing aux oreilles qu'il avait décollées, d'où son autre surnom d'Elefantino. Marco que ses démarrages fulgurants au plus fort de la pente hissaient dans l'empyrée des dieux, là où Coppi, Bahamontes et Charly Gaul avaient régné sans partage. Images encore vivantes de Pantani encouragé par El Diablo, ce personnage fétiche des Tours des années 1990-2000, joyeux diable courant tout de rouge et de noir vêtu, cornes sur la tête et trident à la main, comme si, dans son sillage, cet enragé de Pantani ne pouvait faire naître que de diaboliques étincelles. Vainqueur du Tour 1998 qui restera comme le Tour de l'EPO et de l'affaire Festina, celui qui venait déjà de remporter le Giro d'Italie avait vu son heure sonner sur le plateau de Beille puis dans la brume glaciale des Deux Alpes, quand il avait mis près de neuf minutes à Jan Ullrich. En jaune, le champion de la Mercatone rayonnait. Mais il gardait ce fond de mélancolie dans le regard que n'effaçaient jamais ni sa joie, ni sa détermination. S'il me touchait tant, Marco Pantani, c'était pour ce tragique qu'il semblait porter en lui. La lumière qui l'illuminait ne semait pas les ombres portées sur ses exploits. Il était à la fois une réincarnation des plus grands grimpeurs, renouant avec la tradition des champions ailés qui disloquaient jadis les pelotons tels des colliers de perles brisés, et l'illustration vivante de la célèbre maxime « *Arx tarpeia Capitoli proxima* », « Il n'y a pas loin du Capitole à la roche Tarpéienne ». Car, du sommet de cette gloire au goût frelaté, Pantani pouvait apercevoir la déchéance qui le guettait, le versant ombré du succès, jusqu'à la chute finale.

Ce qui me plaisait chez le champion romagnol, c'était sa combativité. Son sens de l'attaque. Il ne se rendait pas. Rendait coup pour coup. Tant qu'il avait du jus, il n'était jamais battu. C'était le roi de l'estocade. De l'accélération au plus fort de la pente. Là où le cœur explose, là où il faudrait souffler, récupérer, reprendre des forces. C'est à ces endroits précis que, dressé sur sa selle comme coq sur ses ergots, les mains en bas du guidon à la façon d'un sprinter, avec une détermination farouche, Pantani faisait parler la gomme. Plus d'un s'éreintèrent à vouloir le suivre. Il fallait qu'ils lâchent. Qu'ils le laissent seul à la conquête des sommets. Échappé, détaché, solitaire. C'était la devise du Pirate. Ne garder personne dans ses basques. Grimper comme on descend. À toute allure. Sérial grimpeur. Le spectacle, la renaissance du spectacle, c'était lui. Le grain de sable, le grain de folie dans le monotone ordonnancement des choses, c'est à cet Italien fantasque qui paraissait n'avoir peur de rien ni de personne qu'on le devait. C'est qu'on s'était ennuyé ferme pendant le règne bien terne de l'Espagnol Indurain. Entre 1991 et 1995, casqué-lunetté et oreilletté – si peu humain –, il avait égalé les records d'Anquetil et de Merckx sans un coup de pédale au-dessus de l'autre. Fort, très fort, mais absent, sans hargne ni panache. Une sorte de turbo froid, de Robocop désincarné, impassible. Les années suivantes, Riis et Ullrich l'avaient emporté dans une ambiance frelatée de dopage massif qui ne disait pas encore son nom en trois lettres. Sans casque ni lunettes noires, les mains parfois nues serrant son guidon pour sentir au plus près les vibrations de la route,

Pantani redonnait au Tour une image de légende, plus humaine, plus proche, plus fantasque aussi, loin des opérations calculées, des offensives planifiées, loin des courses à l'économie où chaque coup de pédale donnait l'impression d'être programmé dans un business plan. Oui, il y avait de la grâce et de la générosité dans le geste pantanesque ! Ce n'était que poudre aux yeux, cette poudre qui, quelques années plus tard, précipiterait sa fin cocaïnée dans une chambre d'hôtel de Rimini. Mais, en attendant, le champion à la boule à zéro, qui changeait la couleur de ses bandanas selon l'humeur du jour – noir s'il comptait attaquer ! –, cet enfant de la mer nous faisait vibrer dès que la route s'élevait.

C'est encore Philippe Brunel qui a le mieux parlé du champion dans *Vie et mort de Marco Pantani* déjà cité. « Quand il arrivait en haut des cols, en Italie, dans les Dolomites, racontait le grand reporter de *L'Équipe*, il traversait la foule dans une onde de silence. Il y avait quelque chose de religieux. Il s'était inventé un personnage, c'était sa création. Quand il a été exclu du Tour d'Italie, pour un contrôle sanguin anormal, il s'est retrouvé dépossédé de son personnage. Il s'est senti banni, abandonné par tous ces hommes qui l'avaient aimé. En plus, la presse a toujours un rôle de procureur, surtout en Italie où elle a gardé une teinte catholique. Il y a l'idée du Bien, du Mal, et on juge selon ces critères et ce puritanisme. C'était une personnalité libertaire. Un peu comme Fausto Coppi qui a été excommunié, et dont la compagne a été obligée d'accoucher en Argentine. À sa mort, Pantani, c'était une solitude. Il ne savait plus qui être. Il fréquentait un monde très dangereux de dealers. C'est la ville de Rimini qui a tué Pantani, avec ses poisons, la drogue, la "malavita" comme on dit en Italie. »

Cette descente aux enfers, comme son Tour victorieux, s'était faite par étapes. Dès 1999, il y avait eu son triomphe au sommet de Madonna di Campiglio, un Giro qui s'annonçait à nouveau victorieux avant son exclusion de la course. Pantani eut beau crier au complot, la mise à pied fut sans appel. Exclu, déchu, ce fut le début de sa fin. La rumeur courut des années plus tard que la mafia sicilienne avait commandité ce contrôle. Mais dans quel intérêt ? Plus jamais il ne revint à son niveau d'antan. À nouveau présent sur le Tour de France, il ne put rien face au lunaire Armstrong. Et lorsque, en 2003, pour le Tour du centenaire, son équipe ne fut pas sélectionnée, sans doute comprit-il que sa vie en jaune était définitivement derrière lui. Jamais vainqueur de la Grande Boucle n'était tombé aussi bas, isolé, oublié de tous, dépressif, accro à la cocaïne dont on retrouva deux boulettes près de son corps inanimé, dans cette chambre d'un petit hôtel-résidence de Rimini où il avait succombé à ses fantômes. À trente-quatre ans, le 14 février 2004, jour de la Saint-Valentin, l'homme qui aimait la mer avait succombé à une overdose de cocaïne dans cette station balnéaire de l'Adriatique, non loin de l'endroit où reposait l'enfant du pays Federico Fellini, sous une tombe en forme de voile gonflée vers le large.

Il est des disparitions auxquelles on ne se résout pas. Est-ce pour cela que la mort de Pantani reste entourée d'un halo de mystère pareil aux films du Maestro, *Amarcord* ou *E la nave va* ? En 2014, le parquet de Rimini rouvrit l'enquête sur le décès du champion. La quantité de cocaïne retrouvée dans son corps paraissait excessive. Une main criminelle l'avait-elle forcé à ingurgiter la dose qui allait le tuer ? La justice trouva des zones d'ombre mais aucune preuve. Pour autant, le doute subsiste. Il n'est pas sans rappeler les interrogations sur la mort brutale de Fausto Coppi en 1960, des suites d'une malaria contractée dans l'ancienne Haute-Volta devenue Burkina Faso. En janvier 2002, le quotidien italien *Corriere dello Sport* publiait des révélations laissant croire que le Campionissimo avait pu être empoisonné. L'article citait le témoignage d'un moine bénédictin français qui avait reçu la terrible confession du tueur. Celui-ci aurait fait boire à Coppi une potion mortelle à base d'herbes, à effet lent et provoquant de fortes fièvres, pour venger un coureur de Côte d'Ivoire décédé dans une compétition européenne. Le dernier médecin de Coppi avait parlé de balivernes en lisant ce récit. Le double vainqueur du Tour était bel et bien mort de la malaria, comme son ami Raphaël Geminiani qui témoigna à son tour pour rétablir la vérité : « J'ai été sauvé *in extremis* parce qu'on m'a diagnostiqué tout de suite la bonne maladie, racontait l'ancien coéquipier de Bobet connu dans le peloton sous le sobriquet de Grand Fusil. Fausto, lui, a été soigné pour une grippe et quand j'ai appelé son hôpital pour leur signaler mon cas, les médecins ont répondu : "On vous soigne pour votre maladie, nous soignons Coppi pour la sienne…" »

Coppi, Pantani, les champions qui nous ont fait rêver ne meurent jamais tout à fait. À preuve cet autre Maillot jaune italien, Ottavio Bottecchia, premier crack de la Péninsule à remporter l'épreuve à deux reprises, en 1924 et 1925. Peu avant le Tour 1927, il fut retrouvé inanimé, le visage maculé de sang, sur une petite route du Frioul. On parla d'abord de malaise ou d'insolation qui avait provoqué la chute mortelle de Bottecchia. Mais Albert Londres puis, bien plus tard, la presse italienne se firent écho d'une autre version : Bottecchia avait été pris à partie et frappé à mort par un groupe de fascistes. Thèse reprise en 1987 par un enseignant sicilien, Enrico Spitaleri, dans son ouvrage *Le Crime Bottecchia*... Pour ma part, j'en étais resté à une version bien moins politique, celle d'un larcin véniel qui aurait mal tourné. Vingt ans après le drame, au moment de rendre son dernier souffle, un paysan se serait accusé d'avoir tué Bottecchia qui lui avait volé quelques grappes de raisin. Il l'aurait assommé d'un coup de bâton sur la nuque, d'après un récit de Jacques Augendre consacré aux *Histoires secrètes du Tour*, rapporté par l'écrivain et lui aussi cycliste Bernard Chambaz, dans un article de *L'Humanité* au titre digne d'un Agatha Christie : « Ottavio Bottecchia, le maillot noir » (7 juillet 2003). Au bout de sa vie, le paysan véritablement mortifié aurait avoué son crime, se reprochant son geste et aussi de ne pas avoir reconnu le célèbre Bottecchia ! Mensonge ou vérité ? Rappelons la fameuse réplique du film de John Ford, *L'Homme qui tua Liberty Valance* : « Quand la légende est plus belle que la réalité, imprimez la légende ! » Imprimons donc. Et ciao Ottavio, Fausto et Marco.

11

Lino, Voeckler et les autres

Tous les porteurs du maillot jaune n'ont pas remporté le Tour de France. Mais il aura suffi parfois de quelques jours, une semaine, presque deux parfois, pour que des coureurs anonymes deviennent à jamais des noms gravés dans la mémoire populaire, avec le visage de leur jeunesse, le bronzage de l'été, l'éclat de joie enfantine dans leurs yeux comblés. Il est même frappant de voir combien les journées passées en jaune illuminent leur biographie. À jamais, on les présente comme des « Maillots jaunes » du Tour, comme si leur identité s'était coulée en entier dans cet état de grâce qui les toucha sur les routes de France, au mois de juillet. Lorsque je commentais l'épreuve à la télévision, je faisais équipe en voiture avec Ronan Pensec devenu consultant images pour France 2-France 3 auprès du réalisateur Jean-Maurice Ooghe. Conduits d'une main sûre par le géant Yann Le Clech, un pilote à toute épreuve qui nous amenait toujours à l'heure sur la ligne d'arrivée, Ronan et moi passions à travers les haies de supporters qui guettaient l'arrivée des champions. Et très souvent, pour ne pas dire tout le temps, une voix s'élevait dans la foule pour crier un tonitruant « Ronan ! » et rappeler à ses voisins que ce petit homme sec et souriant avait conquis la précieuse tunique entre Saint-Gervais et le mont Blanc, dans le Tour 1990. Exploit qui lui permit le lendemain de franchir l'Alpe d'Huez tout de jaune vêtu. Deux jours de souffrance et de rêve, deux petits jours dans une vie qui lui collaient à la peau mieux que des tatouages, vingt-cinq ans plus tard. Avec sa tignasse de rockeur, son diamant à l'oreille, sa gouaille et ses engagements dans la lutte contre le sida, le Finistérien s'était fait une place à part dans le peloton comme dans le cœur du public. Mais le maillot jaune de Pinpin (son surnom qui fut aussi celui d'un autre champion, vainqueur du Tour 1967, Roger Pingeon), cette toison d'or fut à l'évidence son passeport pour la célébrité.

Faute de vainqueur français dans la Grande Boucle depuis le dernier succès de Bernard Hinault en 1985, d'autres coureurs ont glané leur part de lumière grâce au paletot magique. Et quand on évoque leurs noms, c'est encore avec un chiffre à la clé : le nombre de jours pendant lesquels ils ont porté le maillot jaune ! Avant guerre, Vietto resta vingt-six jours ainsi paré, un record pour un non-gagnant de l'épreuve ! Si on se projette dans un passé plus récent, trois champions ont connu une belle tranche de vie en jaune sans l'emporter à Paris, le trio Barteau-Lino-Voeckler, chacun avec son histoire, ses espérances et sans doute ses déceptions, à l'instant où, après s'être démenés comme de beaux diables, ils ont fini par abandonner leur précieuse tunique à plus fort qu'eux, qui à Greg LeMond, qui à Miguel Indurain, qui à Lance Armstrong. On devine le déchirement qu'a pu représenter pour eux ce moment où, soudain relégués dans l'ombre, ils ont vu passer devant leur nez le nouveau leader comme on voit passer un rêve. Porter le maillot jaune, n'est-ce pas se croire un moment invincible, irrésistible ? Ne caresse-t-on pas soudain l'ambition secrète de le garder jusqu'au bout, s'il est vrai que l'appétit vient en mangeant… Et quand la loi du sport s'impose, qu'il faut se résigner à rétrograder, n'a-t-on pas envie de crier : « Encore une minute, monsieur le bourreau, encore dix secondes, neuf secondes, huit, sept, six… »

Vincent Barteau était un solide routier normand qui avait brillé chez les juniors avant de rejoindre l'équipe Renault de Bernard Hinault dirigée avec ruse et autorité par Cyrille Guimard – lequel porta le maillot jaune pendant sept jours en 1972 (avant que ses genoux ne flanchent) et remporta sept fois l'épreuve comme directeur sportif, avec Lucien Van Impe, Bernard Hinault et Laurent Fignon. « En 1984, c'était mon premier Tour de France, racontera plus tard Barteau. J'étais dans le peloton avec Greg LeMond. On s'est arrêtés tous les deux un moment pour satisfaire un besoin naturel, et le peloton a flingué. Ça ne m'a pas plu. Je suis remonté en tête du peloton, j'ai rattrapé le mec qui avait attaqué au moment où on pissait, j'ai fini avec dix-sept minutes d'avance et j'ai pris le maillot jaune. En fait, ce jour-là, si je m'arrête pas pisser, je reste en centième position, je ne prends jamais le maillot… » Maillot qu'il gardera rien moins que douze jours avant de le céder à son leader Laurent Fignon qui triomphera à Paris. En juillet 2018, le Normand est revenu sur ces moments forts pour le quotidien *Ouest-France* : « À cet instant, se souvient-il alors, je n'ai pas encore eu l'impact du maillot jaune. C'est surtout le lendemain matin, quand j'ai vu que je l'avais sur le dos. C'était extraordinaire. On s'en rend compte des années après, avec l'âge. » À cette époque, il a vingt-deux ans. « L'image qu'il me reste, dit-il, c'est mon arrivée et départ en jaune. J'ai traversé une bonne petite partie de la Normandie avec le maillot. À Alençon, je retrouvais la famille : mes parents et ma femme enceinte de mon premier enfant. Je ne suis pas arrivé dans l'anonymat avec la tunique jaune sur le dos ! Tout le monde me cherchait. Le lendemain sur les 78 kilomètres du contre-la-montre entre Alençon et Le Mans, j'étais énormément applaudi. Le public était dévoué à ma cause. » Barteau avait le sens du symbole. Le 14 juillet 1989, il remporta la victoire d'étape pour le bicentenaire de la Révolution française. Mais, à l'évidence, c'est le jaune qui l'a marqué de manière indélébile, comme ses supporters qui n'ont pas oublié.

Pascal Lino, lui, n'a pas un palmarès très fourni bien que très honorable. Un Tour de l'Avenir, la classique française Paris-Camembert. Quelques succès sur piste. Pas de quoi asseoir une notoriété impérissable. Mais le maillot jaune est passé par là. En 1992, infiltré dans une échappée, il endosse la tunique de leader à Bordeaux. Il va la conserver onze jours durant, avant d'en être dépossédé par le crack de l'époque Miguel Indurain. À l'évidence, son étoffe de héros l'a transcendé, puisqu'il a réussi à défendre et conserver la mythique toison lors des premières étapes montagneuses. Malgré un dernier baroud sur la route de Sestrières, il devra s'incliner, finissant toutefois ce Tour en cinquième position. Le maillot lui avait donné des ailes de grimpeur, lui qui s'était d'abord illustré dans sa jeunesse comme un rouleur-poursuiteur.

Mais plus que Vincent Barteau et Pascal Lino, c'est Thomas Voeckler qui s'est taillé une popularité à toute épreuve née de ses chevauchées en jaune pendant l'ère Armstrong, comme s'il avait incarné un cyclisme à visage humain dans une époque où la suprématie de l'Américain relevait de la science-fiction. Avant qu'on ne découvre que, derrière l'extraterrestre, se cachait un tricheur. Inutile de vouloir réécrire le cours du Tour, d'essayer d'imaginer ce qu'auraient été les années 2000 sans Lance Armstrong. Thomas Voeckler n'était pas taillé pour remporter l'épreuve. Mais il savait y briller de toutes ses forces, de toute son énergie communicative, de son courage à revendre et de sa capacité à souffrir hors du commun, celle qui fait les champions. Surtout quand tout son être tendu vers les sommets se parait de jaune. Tout commence en 2004 lorsque le jeune Français s'empare du maillot de leader à Chartres pour une chevauchée de dix jours. Il résiste aux assauts des leaders à travers les Pyrénées, révélant un tempérament de bagarreur, de « guerrier », dit-on dans le peloton. Une hargne féconde qui lui fait aborder les Alpes dans un esprit combatif. Mais Lance Armstrong a raison du Français dans la première étape des Alpes. Ce Tour est pour lui, son sixième d'affilée. Voeckler peut se consoler : il a conquis une popularité qui ne va pas se démentir. Les Français apprécient son franc-parler autant que son panache, sa manière bravache d'attaquer sans se laisser intimider. Si tout un chacun est conscient de sa cylindrée modeste, il n'en est que plus admiré, et admirable, pour ses performances. « Toute ma vie, se souvient son directeur sportif Jean-René Bernaudeau, je me rappellerai le 8 juillet 2004 à Chartres où il prend le maillot. Mais là où il a été grand, c'est qu'il l'a conservé durant dix jours et notamment au plateau de Beille. J'étais derrière lui et Thomas nous insultait quand on lui criait qu'il pouvait le garder. Et, d'un coup, il a entendu au loin la voix du speaker Daniel Mangeas dans les haut-parleurs. Cela l'a transcendé. Et on s'est tous mis à chialer dans la voiture. »

Dans notre époque où tout va vite, et pas seulement les cyclistes, il est rare que le même champion fasse vibrer les foules à plusieurs années d'intervalle. C'est pourtant ce qui arrivera en 2011 lorsque, le 10 juillet, entre Issoire et Saint-Flour, des noms qui fleurent bon *Les Copains* de Jules Romains et les chroniques de *La Montagne* d'Alexandre Vialatte, Voeckler réussit un coup de force inattendu. Le voilà de nouveau en habit de lumière, jaune des socquettes à la tête, plus précisément au casque. Les Pyrénées réussissent encore au Français qui montre une vigilance et une vaillance sidérantes. Mais une fois encore les Alpes lui seront fatales. S'il garde une partie de son avance dans l'étape du Galibier, c'est sur les pentes de la terrible Alpe d'Huez aux lacets qui étranglent, et où se fracassèrent bien des rêves, qu'il devra s'incliner devant le Luxembourgeois Andy Schleck. Lequel abandonnera la victoire finale au premier Australien de l'Histoire à inscrire son nom au palmarès du Tour, Cadel Evans. Deux jours avant l'arrivée à Paris, le voilà relégué à la quatrième place de l'épreuve, ratant d'une marche le podium. Un revers cruel qu'il apaisera en comptant sur ses dix doigts. Autant que de jours où il fut le soleil de l'épreuve, faute d'en être son roi.

12

Armstrong, le jaune est démis

Sept ans de suite on n'y a vu que du jaune. Sans se rendre compte que son maillot était tissé de fils noirs. La légende dorée d'Armstrong avait sa face sombre et cachée, à rebours du récit solaire qu'il nous servit complaisamment, et que la machine médiatique relaya avec sans doute la même complaisance, tout le temps que dura le règne sans partage, disons même sans foi ni loi, de l'Américain. Au départ, il y a cette histoire édifiante, digne du meilleur *storytelling*. Prenez un athlète surdoué, un beau poulet de vingt et un ans, lourd et puissant, qui décroche rien de moins que le championnat du monde sur route 1993 devant tous les favoris. Prénom : Lance, comme fer de lance, inoxydable, dur au mal, talentueux en diable. Dans le Tour, il s'impose au sprint à Verdun. C'est un *serial sprinter*. Mais quand la route s'élève, le roi Miguel Indurain lui envoie six minutes dans la figure. Lance est rapide et véloce. Il n'est pas aérien.

Surgit la maladie. L'ombre de la mort qui s'avance en 1996. Cancer des testicules. Métastases au cerveau. Il se soigne, se bat, guérit. *Go Lance !* Pour tous les cancéreux de la terre, voir un rescapé des chimios à haute dose s'en sortir et, mieux, gagner le Tour de France, l'épreuve sportive la plus exigeante du monde, voilà de quoi crier au miracle et hourra pour le héros. Lance n'est pas mort, il est ressuscité. Nous sommes en 1999. Trois ans à peine après le diagnostic du mal, il est debout, vivant, triomphant. Pas touche à l'icône qui surgit, mâchoires serrées. Sept années de suite, du jamais vu, mieux qu'Anquetil, mieux que Merckx et Hinault, les trois quintuples vainqueurs du Tour, l'Américain est le seul à atteindre la perfection du chiffre sept. Désormais, il sait tout faire. Rouler comme un TGV. Et surtout grimper dans un style bien à lui qui semble effacer la pente. C'est simple : quand il monte, on croirait qu'il descend tant il avale les dénivelés en moulinant de manière frénétique. Les commentateurs appellent ça le pédalage « moulin à café ». Le jaune Armstrong, ça devient une rengaine. Égrenons : 1999, 2000, 2001, 2002, 2003, 2004, 2005. Premier, Armstrong. C'est lassant. Mais on se résigne. Il est le plus fort. Et quand on lui demande si ses résultats spectaculaires sont obtenus sans triche, c'est à peine s'il ne vous insulte pas. Ou s'il ne profère pas des menaces voilées. Il faudra attendre 2012 et les enquêtes enfin abouties de l'Agence américaine antidopage pour que le Maillot jaune soit confondu. Lance Armstrong met en scène ses aveux le 17 janvier 2013 lors d'une fameuse interview télévisée menée dans l'émotion par Oprah Winfrey. Oui, il a tout fait, il a tout pris sans être pris, l'EPO, la cortisone, les hormones de croissance, sans oublier le recours aux transfusions sanguines. Et voilà un immense trou noir dans le palmarès doré du Tour. Sept accrocs dans le maillot jaune, sept années sans vainqueur, comme si le Tour n'avait pas eu lieu entre 1999 et 2005, une paille ! Une absence plus longue que celle causée par la Première Guerre mondiale (quand manquèrent à l'appel quatre Grandes Boucles entre 1914 et 1918), et aussi longue qu'entre 1940 et 1947, où sept Tours ne furent pas disputés. Aujourd'hui, Lance Armstrong n'a officiellement jamais existé. Il a disparu des palmarès et des photos officielles tel un général en disgrâce de feu la nomenclature soviétique. Faut-il se satisfaire de ce révisionnisme sportif qui, en occultant l'artisan du malheur (et ses multiples complices), expose le Tour à revivre la même histoire sous d'autres visages et, qui sait, sous d'autres maillots jaunes ? On ne cite plus le nom de Lance Armstrong. Son jaune à lui était de la poudre aux yeux. La couleur des illusions perdues. Et d'autres passions tristes. « À partir du XIIe siècle, observait l'historien Michel Pastoureau dans *Libération* (5 décembre 2018) au début de la crise des Gilets jaunes, l'or devient peu à peu le bon jaune, signe de richesse, de beauté, de prospérité. Il est associé au culte divin et renvoie au sacré. Il ne reste au jaune ordinaire que les aspects négatifs : mensonge, hypocrisie, trahison. On pourrait dire que le responsable du "mauvais" jaune, c'est l'or. Cette symbolique négative du jaune traverse les siècles et perdure jusqu'à nos jours. Aujourd'hui, comme aux XVIIe ou XIXe siècles, le jaune incarne le mensonge et la tromperie. Au reste, il s'agit aussi bien des trompeurs (des "casseurs de grève", par exemple) que des trompés (les maris cocus au théâtre). » Le cas Armstrong laisse entière cette question : sommes-nous les cocus de cette histoire ou avons-nous accepté d'être trompés ?

13

Voiture-balai

Cette pédalée en jaune a fait resurgir au fil des pages des images inséparables des promesses de l'enfance. Je me retrouve en fin de parcours comme sur une ligne de départ tracée à même la chaussée, d'un trait de peinture blanche ou parfois d'une simple ligne à la craie. C'était le décor de mes coursettes du dimanche qui valaient championnat du monde et grandes batailles du Tour de France. Mes adversaires s'appelaient Cortinovis ou Lamoulinette, Marchais, Guéry ou Verardo, des noms d'Aquitaine et du Poitou qu'on retrouverait dans les archives de la presse locale des lundis matin, quand la page des sports publiait les classements de nos affrontements dominicaux. Ah comme le cœur battait quand je me précipitais au kiosque sous les arcades de La Rochelle, pour bien vérifier qu'une bonne place voire une victoire était bien consignée dans la section cyclisme de *Sud-Ouest* ! Souvenir d'une victoire de cadet à Étaules – la ville de l'Ange vert Dominique Rocheteau, près de Marennes. Je l'avais emporté au sprint, et impatient de découvrir le compte rendu de la course, j'étais resté interdit devant le nom en gras dont j'avais été affublé. Fottorino s'était changé en Fortuno ! J'ignorais à l'époque l'usage du rectificatif. Pour une fois que je gagnais une épreuve, nul n'en saurait rien à cause de ces coquilles à répétition. J'avais jeté le journal de dépit. C'est seulement plus tard que je compris combien mon patronyme écorché était porteur d'espérance. Fortuno, c'était le nom de la fortune, de la bonne fortune, et même si le maillot jaune jamais ne tomba sur mes épaules, il inonda ma jeunesse de rêves plus grands que moi, presque aussi grands que la vie, que demander de plus !

À cette époque, quand j'usais mes cuissards sur une selle dure, c'est une réalité dédoublée que je vivais. Le temps présent qui battait dans mes tempes au rythme de l'effort se creusait d'un temps plus lointain tissé de souvenirs et de lectures. Lorsque, l'été, je quittais ma Rochelle ventée pour les monts de la Chalosse à l'accent landais, c'est la figure d'André Darrigade, surnommé Dédé d'enfer par l'ineffable Blondin, qui surgissait. À la tête de la grande Librairie de Biarritz, l'ancien champion du Tour, aussi vert que le maillot qu'il rapporta par deux fois à Paris, conservait pignon sur rue. Mais la légende de celui qui se présentait comme « Darrigade de Dax » s'enluminait de jaune. Nul auparavant n'avait tant de fois conquis la précieuse tunique dès le premier jour de la course. Il triompha par sa terrible pointe de vitesse en 1956, 1957, 1958 et 1959, soit quatre années de rang, puis une cinquième fois en 1961. Le Landais, qui gagna vingt-deux étapes du Tour, était devenu une mascotte populaire et bon enfant, accessible à tous. D'où la douleur de sa chute fatale due à un spectateur imprudent. Je revois cette photo en noir et blanc du 19 juillet 1958 où, lancé à toute allure sur la piste du Parc des Princes à l'affût d'une vingt-troisième victoire d'étape qui ne pouvait plus lui échapper, il percuta de plein fouet un homme trop près du bord. On raconta qu'il s'agissait du jardinier du Parc. C'était en réalité Constant Wouters, son secrétaire général. Le malheureux ne survécut pas à ses blessures, ce qui accabla le gentil Darrigade.

Dans la voiture-balai des souvenirs, d'autres images fortes. Comme celle-ci, découverte dans la somme de Pierre Chany, *La Fabuleuse Histoire du cyclisme*, reçue pour le Noël de mes quinze ans. On y apercevait un cycliste tombé au fond d'un ravin, secouru par des suiveurs ayant confectionné une corde de fortune avec des boyaux noués les uns aux autres. L'homme au fond du trou s'appelait Wim Van Est. Il était en tête du Tour de France. C'était même le premier Néerlandais à porter le maillot jaune. S'il perdit le beau paletot, il gagna un surnom : « le Miraculé de l'Aubisque ». L'expression n'était pas usurpée. Dans la descente du col, littéralement lancé à tombeau ouvert, une crevaison l'avait expédié dans le vide pour une chute de soixante-dix mètres ! La stupeur avait frappé les témoins. Quel être humain aurait pu survivre à pareil vol plané. Pourtant, le Maillot jaune bougeait encore, comme si son habit de lumière l'avait immunisé. Un film retrouvé dans les années 1990 le montre pleurant mais sain et sauf, remonté à mains d'hommes par cette chaîne de boyaux et de solidarité. Le Batave tourneboulé aurait bien poursuivi sa route, mais c'est à l'hôpital qu'il fut conduit illico. Il devait renouer avec le maillot jaune en 1955 et en 1958, mais sa popularité avait atteint son sommet, si on peut dire, dans sa chute spectaculaire qui ne fut pas perdue pour tout le monde. La marque de montres Pontiac, sponsor de l'équipe hollandaise, conçut une campagne publicitaire efficace et non dénuée d'humour. On y voyait le champion des Pays-Bas affirmer : « J'ai fait une chute de soixante-dix mètres, mon cœur s'est arrêté de battre, mais ma Pontiac marchait toujours… »

Je me souviens encore que, adolescent, dans cette maison landaise de nos grands-parents que nous investissions pour le mois de juillet, mon cousin Olivier et moi nous lancions d'étranges défis : c'était à qui s'endormirait le plus tard. Le juge de paix était la vieille pendule du couloir qui cognait heures et demi-heures avec une régularité que n'aurait pas reniée un coureur métronome tel Jacques Anquetil. Le lendemain matin, entre deux bâillements, c'était à qui dirait d'un air triomphant : « Moi, j'ai entendu minuit sonner ! » tandis que l'autre, suspicieux, exigeait quelques preuves de cette veillée d'armes qui se prolongeait parfois bien plus tard dans la nuit, et même jusqu'aux premières heures du matin. Pour tenir le coup, j'avais un petit vélo dans la tête, ou plutôt un maillot jaune incandescent pareil à une torche dans l'obscurité de la maison endormie, à preuve les ronflements sonores de notre grand-père et, plus discrets, ceux de notre grand-mère, perdue peut-être dans un rêve de Fausto Coppi. Pour durer donc, je me récitais le palmarès du Tour depuis 1903 jusqu'à l'année précédente, puis tentais de recommencer à l'envers. Quand l'exercice se révéla trop facile – une fois levés les pièges comme confondre Romain Maes, premier en 1935, et Sylvère Maes, vainqueur l'année suivante, où ne plus se souvenir que le vainqueur de l'édition 1912 se prénommait Odile (Defraye), je corsai l'affaire en me souvenant des Maillots jaunes éphémères ou balayés d'un souffle par l'Histoire. En 1978, j'en avais eu un sous le nez en la personne du routier-grimpeur belge Michel Pollentier, dit Cuisses de mouche. Les commentateurs raillaient sa manière de rouler en zigzag qui lui faisait parcourir plus de kilomètres que ses adversaires. Mais on ne rigola plus quand le frêle bonhomme se hissa sur les sommets du Tour, en l'occurrence l'Alpe d'Huez, et rafla le maillot jaune à la barbe de ses poursuivants. Le lendemain matin, au petit déjeuner, je n'en crus pas mes yeux quand je découvris la manchette de *Sud-Ouest* (décidément, mon fidèle compagnon de ces années cyclistes) sur la table de la cuisine, entre mon bol fumant de chocolat Poulain (futur sponsor du maillot à pois !) et les confitures de ma grand-mère. « Disqualifié pour tricherie, Pollentier exclu du Tour ». Rien que ça ? Mais que s'était-il passé entre la cérémonie de remise du maillot jaune diffusée la veille et ce coup de théâtre ? Une scène avait échappé aux regards du public, mais pas aux commissaires de course chargés du contrôle antidopage. Au moment d'uriner, jaune *of course*, le nouveau leader avait pressé anormalement son aisselle. Le pot aux roses fut aussitôt découvert. Il appuyait sur une poire qui libérait une urine « propre ». Dopé, le coureur belge avait recouru à ce stratagème pour tromper son monde et fournir une miction vierge de toute substance illicite. Le Maillot jaune avait été mis à pied sur-le-champ. Fin de l'épisode.

Parmi les faits marquants, j'avais bien sûr en tête le nom des recordmen du port du précieux paletot : 96 jours pour Merckx, 75 pour Hinault. Armstrong, plus tard, atteignit le score de 83 jours, mais l'histoire révisée, on le sait, devait porter son score à zéro. Quant aux recordmen du port du maillot sans l'avoir jamais ramené à Paris, ils étaient au nombre de deux, René Vietto avec 26 jours, devant Thomas Voeckler (20 jours), avant que le Suisse volant Fabian Cancellara ne se pare de la tunique pendant 29 jours entre 2004 et 2015. Il ne faudrait pas croire que Laurent Fignon fut seul et unique dans son malheur : perdre la première place le dernier jour de course. En 1947, l'échappée victorieuse qui sourit à Jean Robic fit le malheur de l'Italien de France Pierre Brambilla qui, par dépit rageur, enterra son vélo au fond de son jardin. L'homme était d'un naturel fantasque : quand il ne pédalait pas assez vite à son goût, il vidait sur la route le contenu de son bidon – même en plein cagnard – pour se punir… Et en 1968, quand le Néerlandais Jan Janssen arracha le maillot dans la dernière étape, ce fut des épaules du placide Herman Van Springel dont l'expression à la Buster Keaton mâtiné de Droopy ne laissa guère paraître son immense déception.

Par affection pour l'historienne Mona Ozouf qui, en bonne Finistérienne, m'avoua un jour son faible pour les champions bretons, je reviens en quelques lignes sur son « grand petit homme » Robic. On l'appelait tête de cuir et c'était sans doute une tête de mule. Mais une mule vaillante et dure au mal, qui n'aurait pas reculé même devant un coup de bâton, un coup de fringale ou un coup du sort. Jean Robic, alias Biquet, marqua de son empreinte les Tours d'après-Guerre. D'abord parce que son nom est à jamais associé à la liberté retrouvée. Vainqueur du

Tour de la reprise après sept longues années d'interruption, le coureur de poche breton – il mesurait 1,61 mètre – avait acquis une grande popularité. Tous les ingrédients étaient réunis pour qu'il entre dans le cœur des Français, et pas seulement des Bretons comme Mona Ozouf. D'abord son mariage avant le départ de l'épreuve, et la promesse qu'il fit à sa jeune épouse que, faute de dot, il lui rapporterait le prix du vainqueur du Tour de France, si elle attendait la fin du mois de juillet... Sacré culot, sacré pari ! Et puis cette rage de vaincre qui animait ce champion volcanique à la musculature sèche et nerveuse. Reconnaissons que Robic avait le sens du suspense puisque c'est seulement dans la dernière étape de son Tour victorieux qu'il prit le pouvoir ! Il ne devait plus remporter d'autres Grandes Boucles, se heurtant tout à tour à la suprématie de Fausto Coppi puis d'un autre coureur breton dont l'étoile montait dans le ciel du vélo, un certain Louison Bobet. Il n'empêche : Biquet a marqué son époque, avec sa gouaille, ses humeurs d'attaquant infatigable, de David prêt à terrasser tous les Goliath sur deux roues. « Grand disou, petit faisou », lâchait parfois Tabarly à propos des prétentieux. Robic, c'était les deux : il en faisait autant qu'il en disait. C'était une époque sans oreillette où les champions pouvaient encore n'en faire qu'à leur tête de mule.

Je laisse aux plus fins analystes du Tour le soin de décider si, finalement, Pollentier porta oui ou non le maillot jaune, ne serait-ce qu'une heure. D'autres cas se révèlent tangents, tout au moins météoritiques. Comme si le jaune sur leur dos n'avait été qu'un éclair, un mirage, une chimère... C'est ainsi que le Vendéen Jean-René Bernaudeau, ancien coéquipier d'Hinault et admirable directeur sportif, ne porta en tout et pour tout le maillot qu'une petite heure, et encore ! Après l'avoir endossé à Luchon, il le perdit dès le lendemain pendant le contre-la-montre vers Superbagnères. « Avec ce maillot, je planais... Et j'étais trop nerveux. Ma roue s'est décentrée sur la rampe de lancement et j'ai fait toute la montée comme ça » (*Le Parisien*, 6 juillet 2018). À ce jeu du qui perd gagne, le jeune sprinter Romain Feillu, une révélation du Tour 2008, prit le maillot à Nantes pour le rendre à Cholet un jour plus tard, après un contre-la-montre de trois quarts d'heure. « Une perm à Nantes », aurait plaisanté Jacques Perrin dans *Les Demoiselles de Rochefort*... Mais que dire alors de Marinus – dit Rini – Wagtmans, qui revêtit le maillot jaune le temps d'un tiers d'étape en 1971. Alors coéquipier d'Eddy Merckx, ce véritable acrobate du vélo était aussi surnommé l'Éclat blanc en raison de la mèche immaculée qui partageait sa chevelure brune au milieu du front. Les experts affirment qu'il est le coureur à avoir porté le moins longtemps le maillot jaune. Ça se discute. Certes, un tiers d'étape, c'est court. Mais ce tiers dura deux heures et demie, donc plus longtemps que les étapes contre-la-montre complètes où Bernaudeau et Feillu purent arborer leur couleur églantine… « Plus insolite encore, peut-on lire sur le site d'Eurosport, le cas de Ferdi Van Den Haute en 1984. Le Belge remporte la demi-étape de Béthune, après le chrono par équipes matinal. Les organisateurs lui font endosser le maillot jaune sur le podium avant de réaliser, dix minutes plus tard, que celui-ci revient en réalité à Adrie van der Poel. » Quand on vous dit que ce maillot rend un peu zinzin !

Si gagner le Tour permettait de se constituer un enviable bas de laine, la toison d'or ne fut pas toujours tissée dans cette noble matière. En 1948, quand Louison Bobet enfile le premier maillot jaune de sa carrière à Nantes, il menace d'emblée de ne pas repartir le lendemain si on ne lui remet pas un maillot jaune en laine. C'est que Jacques Goddet a fait affaire avec une marque textile, Sofil, qui propose des maillots synthétiques. Le Breton ne veut rien entendre. Ce sera la laine ou rien. Le sort du Tour se joue sur le fil. Et c'est l'organisateur qui devra battre en retraite. Le synthétique attendra ! C'est l'état d'urgence sur le Tour. Et voilà Jacques Goddet en quête de petites mains pour fournir fissa un maillot jaune en laine au futur triple vainqueur de l'épreuve… Un souvenir du patron d'alors : « Cela a produit un véritable drame. Notre contrat avec Sofil s'écroulait. Si la nouvelle était sortie, l'effet commercial aurait été désastreux pour le fabricant. Je me souviens d'en avoir débattu avec lui une bonne partie de la nuit. Louison a toujours été extraordinairement courtois, mais ses principes étaient aussi durs que les blocs de granit de sa Bretagne natale. »

C'est que la maison comptait ses sous. C'est d'ailleurs par souci d'économie que, la même année, le même Goddet devenu patron du Tour décide de rendre hommage à son illustre prédécesseur Henri Desgrange en faisant broder seulement ses initiales sur le maillot jaune. Les lettres stylisées HD apparaissent ainsi sur la poitrine du leader de la course. HD ? Il va de soi que ces deux petites lettres sont moins coûteuses à piquer que le nom entier du fondateur de l'épreuve. Dans les années 1970, avec l'impact des images télévisées qui montrent les coureurs de long en large des après-midi entiers, les marques affluent sur les maillots comme moustiques dans la chaude lumière de juillet. C'est pourquoi, en 1979, le bras droit de Jacques Goddet, Félix Lévitan, insérera le mythique HD dans une petite carte de France rouge entourée d'un cercle bleu. Ce macaron officiel sera vite abandonné, et les initiales disparaîtront en 1984 avant de refleurir au début des années 2000. Les symboles ne meurent jamais !

Comme il en est des légendes, l'histoire de ce maillot jaune est inépuisable. Ce bandit de Blondin a brandi le trophée pour le hisser au pinacle, je veux dire dans les titres de ses chroniques de *L'Équipe*, avec force calembours et facéties : « La vie en jaune » (1961) – où « chaque soir on rhabille le gamin Anquetil en jaune » ; « La fièvre jaune » (1964) – une veillée d'armes entre Anquetil et Poulidor avec ces phrases à longue portée : « La même route leur est ouverte. Il ne leur reste plus qu'à exercer leur droit de vélo. Tout le reste est température. » « Le Mao jaune » (1969), à propos de ce révolutionnaire d'Eddy Merckx dynamitant la course dans l'Aubisque et arborant un masque impérial aux traits eurasiens. Ou encore « Mayotte jaune » (1975), quand la montagne accoucha… d'un sourire, celui du petit grimpeur belge

Lucien Van Impe qui, comme l'île des Comores, était très attaché à la France... L'auteur de *L'Humeur vagabonde*, qui arborait parfois une tenue rayée de rugbyman, accepta un jour de poser en jaune à la demande du photographe Bruno Bade. Des clichés où il apparaît plume à la main, l'air à la fois mélancolique et facétieux, lui qui était grimpé au sommet de son art bien qu'il fût d'abord, de son propre aveu, un roi de la descente, à jeun et cul sec de préférence.

Dans cette voiture-balai du souvenir qui me tient lieu d'estafette pour diffuser mes messages de la tête à la queue de peloton et vice versa, je ne saurais oublier quelques perles blanches ou noires qui ont balisé la Grande Boucle festonnée de jaune. Impossible de laisser sur le bas-côté ce qui fut non pas la der des ders, mais le dur des durs, ce Tour de la reprise de juillet 1919. Henri Desgrange l'avait claironné à peine séchée l'encre de l'Armistice. « Le prochain Tour de France, le treizième du nom, va se disputer l'an prochain, en juin-juillet, avec, cela va sans dire, une étape à Strasbourg », proclamait-il dans *L'Auto* dès le 18 novembre 1918. Et sentant que l'affaire serait périlleuse, il ajoutait comme une sentence où l'orgueil le disputait à l'obstination : « Même s'il doit se terminer avec un seul coureur devant ma porte, le Tour se fera. » Peu lui importait l'état des routes, les pénuries de nourriture et de matériel, ou le peu d'hôtels prêts à accueillir le maigre peloton – ils furent soixante-neuf au départ – des forçats volontaires. C'était une question d'honneur et de fierté nationale. Retrouver par le tracé du Tour les contours de la France en grand, la France avec l'Alsace et la Lorraine revenues dans le giron de la Nation. Ce Tour 1919 sonnerait comme une première vengeance du coq à gros bec sur le casque à pointe. L'idée que le tracé épouserait le « chemin de ronde » du pays était fortement ancrée dans l'esprit de Desgrange, comme en témoigne cette autre déclaration au patriotisme vibrant et suranné : « Strasbourg ! Metz ! Et ce n'est pas un rêve ! Nous allons là-bas, chez nous. Nous verrons, de Belfort à Haguenau, toute la ligne bleue des Vosges qu'avant la guerre nous contemplions à notre droite. Nous allons longer le Rhin. Je ne puis m'empêcher de songer à notre premier Tour de France, celui de 1903, avec son ridicule petit itinéraire : Lyon, Marseille, Toulouse, Bordeaux, Nantes, Paris. Du haut des Pyrénées, du haut des Alpes, du haut du Jura, des villes comme Lyon, comme Toulouse, comme Rennes, comme Nancy nous apparaissent aujourd'hui ainsi que des points obscurs dans le fond d'une cuvette. Avec Strasbourg et Metz, nos ambitions sont repues ; le Tour de France est complet. Il nous fallait, après le patois normand, le dialecte breton, les cigales chantantes des idiomes méridionaux, les rudesses du flamand, il nous fallait la joie du parler alsacien : il nous manquait l'entrée triomphale à Strasbourg où vont nous accueillir les vols harmonieux des cigognes et les ailes de la coiffe de nos jolies filles d'Alsace ! » Ce n'est donc pas un hasard si la torche jaune qui éclaire ces pages fut allumée pour ce Tour-là en forme de reconquête mais aussi de procession funèbre. L'édition 1919 fut sans doute une épreuve au sens plein du terme, la pire de l'Histoire. Départs de nuit, privations de toutes sortes – c'est un peloton de crève-la-faim qui s'élance du Parc des Princes à 3 heures du matin, le 29 juin, pour rallier Le Havre 388 kilomètres plus loin. De petits hommes gris à qui manque un graal qui les transcende. Ce sera ce fameux maillot jaune attribué à Grenoble à celui qu'on n'appelle pas encore le Vieux Gaulois : Eugène Christophe. Et lorsque la malchance de sa fourche brisée lui ravira son trophée, il aura ce geste sportif de le donner lui-même au futur vainqueur Firmin Lambot. Un nom prédestiné pour une compétition impitoyable que seuls onze courageux termineront, après avoir enduré la grande chaleur comme le grand froid et des trombes d'eau sur la route de Dunkerque. Entre-temps, Christophe dit Cri-Cri aura traversé l'Alsace et la Lorraine revêtu du maillot de lumière, comme une consolation. Les pleurs viendront après, dans la boue et les ornières où sombrera son pavillon jaune. Qui peut imaginer que dans l'étape dantesque Metz-Dunkerque, un long calvaire de quatre cent soixante-huit bornes en pleine tempête, Firmin Lambot l'emportera au bout de vingt et une heures de selle. Le lendemain, c'est au son du clairon que le peloton des rescapés, un groupe minuscule de onze irréductibles, se présente dans un Parc des Princes survolté. Le maillot jaune entre dans la légende. Eugène Christophe aussi, qui bénéficie d'une collecte nationale lancée auprès des lecteurs de *L'Auto* bouleversés par son exploit, son malheur et son fair-play. Lorsque la « Souscription Christophe » est close, 13 310 francs de l'époque ont été réunis pour le chouchou du peuple. Dans les vingt listes de donateurs, on lit ces mentions : « Souscription faite à l'hôpital 83 *bis* à Bidard, par un groupe de poilus tubards (0,75 F) ; Bellot Pierre, sergent-major, 5e génie Armée d'Orient (5 F) ; des poilus d'un bataillon à fourragère rouge (5 F). » Et voilà comment le premier Maillot jaune de l'histoire empochera plus que le vainqueur final !

Avant 1919, de grands champions avaient porté un virtuel maillot jaune que les organisateurs du Tour auraient été heureux de leur décerner s'ils avaient été encore de ce monde. Mais il arriva que des cracks ne rentrent pas du front, marquant par le sacrifice de leurs vies la frontière entre l'avant et l'après-guerre. Si de jeunes hommes peuvent s'empoigner pacifiquement sur les routes de notre pays en été, c'est que d'autres hommes, jeunes eux aussi, plus jeunes encore sans doute, se sont battus et entretués sur ordres, il y a un peu plus d'un siècle, sur ces terres qui furent leur tombeau.

La première guerre, qu'on appela trop vite la Der des Ders, faucha une dizaine de millions de soldats, et presque autant de civils. Parmi eux – comme je l'ai fait raconter par un Eugène Christophe imaginaire –, trois destins liés au Tour, trois anciens vainqueurs qui ne retrouvèrent pas leur place dans les pelotons de la France rendue à la liberté. Lucien Petit-Breton, premier double vainqueur de l'épreuve (1907-1908), François Faber le Franco-Luxembourgeois (premier en 1909) et Octave Lapize (premier en 1910), tous virent leur destin brisé. De héros du Tour, ils devinrent des héros tout court. Lapize, passionné d'aviation, fut abattu en vol. Petit-Breton se tua en auto en 1917 alors qu'il revenait du front des Ardennes, heureux de retrouver sa femme pour sa permission de Noël. Quant à Faber, surnommé le géant de Colombes, il fut tué par une balle explosive alors qu'il était parti secourir un compagnon d'armes gravement blessé. On ne retrouva pas son corps enfoui dans un champ pilonné du Pas-de-Calais. Son nom, qui ne figurait pas sur le monument aux morts de son village natal, fut enfin gravé dans la pierre le 9 mai 2015.

Moins dramatique mais d'un pathétique achevé, le sort du Pyrénéen Victor Fontan reste un moment de chagrin mâtiné d'injustice dans l'histoire de la Grande Boucle 1929. L'épreuve ne devait pas lui échapper. Jusqu'à ce que sa fourche se brise comme par un bégaiement de l'Histoire. Pour obéir au règlement spartiate de l'épreuve qui avait dix ans plus tôt privé Eugène Christophe d'un triomphe, le solide Béarnais aurait dû terminer l'étape avec le vélo qu'il avait au départ. Puisque c'était impossible, il parcourut près de 150 kilomètres sur un vélo d'emprunt avant de renoncer la mort dans l'âme et de grosses larmes sur le cœur. Les photos qui restent de lui, son visage taillé dans le roc, le regard droit, impassible, un béret basque vissé sur le crâne, ne peuvent faire oublier sa cruelle désillusion. Jamais le plat – ou la côte... – de la victoire ne repassa sous son nez.

La mort tout court, elle avait frappé Tom Simpson sur les pentes du Ventoux en 1967, sous un soleil de plomb. Le premier Anglais maillot jaune de l'Histoire – à vingt-quatre ans, pour une seule et unique journée de 1962 – avait présumé de ses forces et abusé d'amphétamines. Celui qui semblait promis à une victoire dans le Tour y laissa sa peau, effondré sur un lit de caillasses du mont provençal. Ses victoires dans Milan-San Remo et le Tour des Flandres laissaient augurer d'un possible succès du gentil Tommy. Le destin en décida autrement. « Le plus grand coureur que la Grande-Bretagne ait connu est mort d'un coup de ce soleil où il s'était fait une place », écrivit Antoine Blondin qui, pour une fois, avait remisé ses calembours.

Trois ans plus tôt, l'aile de la mort avait plané de façon étrange sur le Tour, frôlant la silhouette fragilisée du Maillot jaune Jacques Anquetil. C'était le 5 juillet 1964, une de ces journées de repos d'apparence anodine où dans les coulisses sourd le drame. Ce jour-là, le champion normand était rongé d'inquiétude. La course venait d'arriver au pied des Pyrénées. Mais ce n'était pas la montagne qui contrariait

Maître Jacques. C'était la prédiction d'un mage, un nommé Belline, à qui la *vox populi* accordait un crédit démesuré. Ce Belline avait prédit un événement affreux : Anquetil allait se tuer dans une chute lors du passage du Tour en Andorre. Superstitieux, le déjà quatre fois vainqueur de la Grande Boucle ? On n'imaginait pas que ce champion à la tête froide serait impressionné par un charlatan. Et pourtant... Il ne dormit pas de la nuit et sa journée de repos, il la passa à se ronger les sangs, en proie à une anxiété incontrôlable. Le soir, pour tromper ses angoisses, il se rendit au méchoui qu'une radio organisait dans la ville départ de l'étape du lendemain. Il mordit à belles dents dans une épaule d'agneau qu'il engloutit sans tarder, arrosée de quelques boissons assez peu diététiques.

Ce qui devait arriver arriva. Non point la mort du champion, mais la défaillance. Une défaillance terrible qui semblait sans appel. Anquetil passa au sommet du port d'Envalira avec 4 minutes de retard sur le groupe Poulidor qui pédalait vers la victoire. Anquetil était fichu. Anquetil allait abandonner. C'était la fin. C'était la mort symbolique du champion. Belline avait presque raison. Presque. Car un fidèle coéquipier du maillot jaune veillait au grain. Le providentiel Louis Rostollan qui l'encouragea si bien que le Normand ressuscita d'entre les morts. « Si tu dois mourir, autant mourir devant ! » s'égosillait Geminiani depuis sa voiture de directeur sportif. Anquetil accomplit une descente foudroyante en plein brouillard. Une descente à tombeau ouvert. Prenant tous les risques, oubliant au passage les prédictions du mage, ou alors voulant les exorciser, il rejoignit Poulidor… qui creva. Le Limousin vit s'envoler une fois de plus ses espoirs de maillot jaune. Et Anquetil pédala sans encombre vers son cinquième succès dans le Tour.

Un nom me revient, que je n'avais plus prononcé depuis des lustres. Il ressemblait à un ange ou à un archange, enfin à un être surnaturel né pour dominer de ses grandes ailes le *vulgum pecus*. Un extraterrestre tout feu tout flamme au regard empreint parfois de mélancolie, comme s'il avait pressenti l'éphémère de sa destinée. C'était en 1977 et il jonglait avec tous les maillots. On le vit en jaune pour commencer et cela dura quinze jours après ses cinq victoires d'étape. Une sarabande endiablée, un air de rock allemand. Et quand il céda sa belle tunique, ce fut pour se vêtir de blanc – je ne dirais pas de lin blanc et de probité candide car il y avait de la ruse et du sulfureux chez cet être solaire qui prenait la lumière comme personne. Dietrich Thurau, c'était son nom, fut vite surnommé Didi. On lui promettait monts et merveilles. On ne savait pas encore qu'il serait un météore dans le ciel encombré des géants de la route. Il ne brilla guère plus d'un été, mais quel été ! Inclassable quoique toujours bien classé dans ce Tour qui le vit naître, il semblait n'appartenir à aucune lignée cycliste. Ou alors à celle, très sélective, des pédaleurs de charme. Un lointain cousin du bel Hugo Koblet, le champion suisse qui faisait se pâmer les filles avec son regard bleu, ses lunettes de Fangio à la saignée du coude, son peigne toujours dans la poche arrière de son maillot pour redonner forme à ses boucles claires, à peine franchie la ligne d'arrivée. Ces deux-là promenaient leurs airs d'angelots, la bouille ronde en moins. Koblet se tua comme James Dean ou Roger Nimier, en écrasant sa voiture de course contre un arbre. Thurau, lui, devint un écureuil de vélodromes, de Cologne à Dortmund, de Zurich à Gand ou Copenhague, condamné à tourner en rond dans l'ombre de sa gloire éphémère. Son nom apparut dans plusieurs affaires de dopage. Puis on n'entendit plus parler de lui jusqu'au tournant des années 2000, quand un jeune Thurau devint coureur cycliste professionnel. Björn de son prénom. Le fils de Didi. La roue ne veut jamais s'arrêter de tourner… Pour que le rêve en jaune se prolonge, génération après génération.

En guise d'échappée belle

Dans mes rêves d'enfant qui résiste à la résignation des grandes personnes, je suis toujours nimbé de jaune. Je viens de faire défiler sous mes yeux le grand cirque du Tour avec ses éléphants et ses acrobates, ses clowns tristes et ses chevau-légers. Au moment de refermer ces pages où je croyais les avoir épinglés comme de beaux papillons, je sais qu'ils ne vont pas tarder à s'envoler. Ou plutôt à s'échapper de plus belle, puisque telle est la destinée des champions couleur mimosa, ou jonquille, ou citron... Leurs noms transcendent le temps, bondissent et traversent les époques, magnifiés par ce maillot qui fait rêver depuis un siècle. Ceux qui le portent et ceux qui l'admirent, même quand son héraut n'est plus admirable. C'est ainsi que se transmettent comme de précieux sésames les noms de champions d'hier, d'Eugène Christophe à Eddy Merckx, dont le Tour célébrera le cinquantenaire de la première victoire en 1969, de Bottechia à Coppi, de Bobet à Hinault et tant d'autres. À peine leur souvenir évoqué, voici que surgissent des images, des allures, des exploits, des défaillances, tout ce qui transforme la course cycliste en condition humaine par moments inhumaine.

Je repense à ces moments heureux de mon adolescence, quand le Tour s'étirait comme pâte à sucre d'orge dans la torpeur de juillet. Le soleil figeait la terre entière, les hommes et jusqu'aux insectes. Seuls remuaient encore ces diables de coureurs qui poursuivaient leur quête du Graal en écrasant les pédales. À la fin, comme dans les westerns où la cavalerie débarque et tue tous les Indiens, c'était toujours Merckx qui gagnait. « Tout Eddy », écrivait Antoine Blondin…

Trente-cinq ans après la dernière victoire française dans le Tour, signée Hinault le Blaireau, je me demande en quelles lettres s'écrira le nom du futur vainqueur tricolore. À force, on ne peut plus se satisfaire de nos souvenirs. La nostalgie ressemble à une chaîne qui grince. Comme j'aimerais voir surgir un nouveau semeur d'étincelles. Tant d'années de diète, des podiums où l'on ne parle qu'anglais, ça ne peut plus continuer ! Je ne rêve pas de l'avènement du Seigneur, juste de la venue du successeur d'Hinault qui viendra enfin le décrocher, ce « *yellow jersey* » ! Un jour de repos sur le Tour 2015, chez un marchand de jouets de Barcelonnette, j'avais acheté un petit coureur tout doré, maillot jaune des pieds à la casquette. Il venait de la fonderie Roger, une des dernières, sinon la dernière en France, à fondre des champions miniatures, lourds comme du plomb et légers au cœur dès qu'on les tient dans la main. J'ai gardé ce champion anonyme derrière une vitrine de mon bureau, en tête comme il se doit. Mais je n'ai pas trouvé de nom à cet inconnu pas encore illustre. Thibaut Pinot, Romain Bardet, Warren Barguil ? Je rêve d'un jaune tricolore, ça ferait un bel arc-en-ciel, sur les Champs-Élysées.

Si je creuse dans ma mémoire pourtant, je réalise que mon premier maillot mythique n'était pas jaune mais vert, traversé d'une large bande blanche. J'avais treize ans et le patriarche qui se dressait devant moi ressemblait à Dieu. Un dieu aux cheveux de neige, normal pour un dieu. Mais un dieu cycliste qui semblait avoir inventé la roue et la façon d'allumer le feu en la faisant tourner plus vite que la Terre. Je venais de pousser la porte de sa boutique-atelier de la rue de la Muse, dans la zone portuaire de La Pallice, entre La Rochelle et l'île de Ré. C'est la quête d'une boîte de rustines avec colle et démonte-pneu qui m'avait entraîné là, un après-midi brûlant de juin. Le soleil cognait, les rues étaient désertes. Le temps suspendu. Une petite cloche aigrelette avait signalé ma présence comme au vélodrome, quand s'annonce le dernier tour avant le sprint final. Le sprint, c'était l'affaire du maître des lieux. Il s'appelait Jean Bégué – devenu avec l'âge « le père Bégué » – mais ses amis disaient « le Grand », et ce n'est pas seulement sa taille qui lui valait d'avoir été de son vivant changé en adjectif. Il était à lui tout seul un monument historique du cyclisme régional, que l'on pouvait visiter dans son magasin de cycles. Il était de ces Jean qu'on n'aurait pas osé appeler Jeannot. À cause de sa stature, mais aussi de ce regard de lutteur qui avait bouffé du goudron tant et plus quand il était une terreur du grand Ouest, empoignant sa bécane comme un cow-boy dégaine son colt, oui, le meilleur sprinter qu'on connut sur les routes du Poitou après guerre.

Le bonhomme me toisa du haut de son mètre quatre-vingts. Ça sentait fort la colle à boyaux et le caoutchouc neuf. Ça sentait l'aventure, avec toutes ces photos en noir et blanc punaisées sur une planche de liège comme dans la chambre de Proust. Il cultivait sa mémoire comme jadis sa pointe de vitesse. Je n'en menais pas large devant l'escogriffe qui zigzaguait au milieu des roues suspendues en l'air. Car il fallait le voir en même temps que l'écouter lorsque, sa grande blouse d'instit boutonnée à la diable, le bouton du lundi dans le trou du mardi, il se mettait à vous raconter son Bordeaux-Saintes victorieux. Ça remontait à 1950 mais soudain c'était hier. « Une chaleur de four, s'écriait-il, le bitume fondait, l'eau bouillait dans les bidons – j'imaginais ce prodige ! –, avant les trombes d'eau sur le vélodrome de Saintes, où là, mon p'tit gars… » Le p'tit gars c'était moi. Alors le grand escogriffe à l'allure dégingandée attrapait dans le vide un guidon imaginaire, mâchait frénétiquement son chewing-gum, un œil à demi fermé et l'autre bien ouvert pour vérifier que je suivais bien le fil du récit. C'est qu'il fallait s'accrocher, avec le père Bégué, quand il vous baladait dans les pelotons charentais avec une gouaille de titi égaré parmi les grues des chantiers navals.

Avec lui, le vélo était une sorte de bateau ivre, on partait en voyage avec armes et sans bagages, nez au vent, et tant pis si ça ne suivait pas derrière. Dans sa roue, y avait pas de place pour les feignants ! Il remplissait son bidon de breuvages explosifs – je crois me souvenir du cognac mélangé à deux jaunes d'œuf. On n'était pas loin des « forçats de la route » décrits par Albert Londres... Quand il fallut repartir, ce fut vêtu d'un vrai maillot offert par la maison, avec des poches à l'arrière comme pour héberger un bébé kangourou – j'y glissai ma boîte de rustines, gratis aussi – et la promesse que oui, monsieur Bégué, je tâcherais de devenir un coureur, et un pas trop brêle encore, quand je serais grand. Le maillot, vert à bande blanche, me démangeait au cou, mais pour rien au monde je ne l'aurais ôté, malgré le cagnard. Je rentrai chez moi les joues rouge pivoine, fier et ému de ce cadeau pour la vie. Et voilà comment, depuis près d'un demi-siècle, le vélo m'en fait voir de toutes les couleurs. Mon premier Maillot jaune, je m'en souviens maintenant, était vert espérance.

Remerciements

Merci à Sylvie Delassus qui a tant voulu ces histoires avant même de les connaître. Sa volonté d'éditrice était plus forte que tous les Tourmalet, alors la plume a suivi !

Merci à Benoît Heimermann pour ses conseils toujours justes, sa relecture précise et avisée, sa bienveillance de directeur sportif sans oreillette qui laisse à l'auteur-coureur toute latitude pour pédaler selon ses envies et son instinct.

Merci à Fabrice Colin, rédacteur en chef et magicien des images à France Télévisions, qui a retrouvé trace de mes interviews de personnalités à propos des Tours de France 2015 et 2016 sur le service public.

Merci à Christophe Penot qui m'offrit, dans sa belle collection illustrée *Les Magnifiques* (Cristel éditeur d'art, 2014), d'écrire les premiers lacets de mon ode à Fausto Coppi, développée dans cet ouvrage, sous le titre *Coppi ne sera plus rejoint*.

Merci enfin à Natalie à qui le vélo a encore volé quelques samedis, dimanches et fêtes tranquilles en famille. Pédaler passe encore, mais écrire sur le vélo, tout de même... Que sa patience soit récompensée d'un Maillot jaune et du bouquet de fleurs qui va avec.

DU MÊME AUTEUR *(suite)*

Nordeste, *Stock, 1999 (Folio n° 4717)*

Un territoire fragile, *Stock, 2000, prix Europe 1 et prix des Bibliothécaires (Folio n° 4856)*

Le Marcheur de Fès, *Calmann-Lévy, 2013 (Folio n° 5886)*

Fils de Berbères, *Philippe Rey, 2014*

Récits cyclistes

Aux Éditions Gallimard

Petit Éloge de la bicyclette, *Folio 2€ n° 4619, 2007*

Petit Éloge du Tour de France, *Folio 2€ n° 5607, 2013*

Aux Éditions Denoël

Le Tour, 100 images, 100 histoires *(avec Jean-Marie Leblanc, Jean-Paul Ollivier et Bernard Thévenet), coédition avec AFP, 2013*

Chez d'autres éditeurs

Je pars demain, *Stock, 2001, prix Louis-Nucera (Folio n° 5258)*

La France vue du Tour *(avec Jacques Augendre), Solar, 2007, prix Antoine-Blondin*

Albums

Aux Éditions Gallimard Loisirs

Le Tiers sauvage *(avec Aldo Soares), 2005*

Marée basse *(avec Éric Guillemot), 2006*

La Belle Échappée. Un tour de France autrement *(avec Mickael Bougouin, Thierry de Lestrade et Sylvie Gilman), 2014*

Aux Éditions Philippe Rey

Femmes éternelles *(avec Olivier Martel), 2011*

Berbères *(avec Olivier Martel), 2012*

REPORTAGES

Aux Éditions Denoël

En Afrique *(avec Raymond Depardon), 2014*

Partout sauf en Afrique *(avec Marc Riboud), 2014*

Mes monstres sacrés *(avec Raymond Depardon, Jean-Pierre Bonnotte, Richard Dumas, Ulf Andersen, Stéphane Lavoué et Léa Crespi), 2015*

J'ai vu la fin des paysans *(avec Raymond Depardon), 2015*

Cet ouvrage a été composé
par PCA
et achevé d'imprimer en France
par CPI BRODARD & TAUPIN (72200 La Flèche)
pour le compte des Éditions Stock
21, rue du Montparnasse, 75006 Paris
en mai 2019

PAPIER À BASE DE FIBRES CERTIFIÉES

Stock s'engage pour l'environnement en réduisant l'empreinte carbone de ses livres. Celle de cet exemplaire est de :
400 g éq. CO_2
Rendez-vous sur www.editions-stock-durable.fr

Imprimé en France

Dépôt légal : juin 2019
N° d'édition : 01 - N° d'impression : 3033329
51-02-2710/1